俺たちはどう生きるか

大竹まこと
Otake Makoto

a pilot of wisdom

目次

第一章　昔みたいに

いいんだヨ、これで

風間杜夫

壁際に長身の男が所在なさげにフラーと寄りかかっている。永六輔さんかなと思うが、そんなはずはない。もう何年も前に亡くなっているのだから。

そういえば、永六輔さんは本当にたくさんの芝居を観《み》ていた。私が今までに観にいった芝居でも、気がつけば永さんの姿が近くにあった。

私に小言を言ってくれる人がまた一人減ってしまった。

客電が落ちて、劇場が暗くなりはじめた。

舞台に薄く照明が入った。夕暮れなのであろう。全体がうすぼんやりしている。

先ほどの男は、もうそこにいなかった。

舞台には、私が昔の昔に住んでいたような安アパートが建っている。物語は昭和の終わり、私たちが青春を送った頃のような設定になっているらしい。

不思議なのは、その安アパートの真上に、上から下へ大きな歩道橋がかかっていることだ。橋にも街灯が弱くまたたいている。

歩道橋の上から初老の男がゆっくり中央に歩いてくる。照明はまだ上がりきっていなかったが、深く帽子をかぶった男が誰か、もうその歩き方だけで私にはわかっていた。

男は中央あたりで止まった。決して中央ではない。シンを少しはずしている。

手すりに両手をついて、腰を伸ばすようなそぶりをして顔を上げた。自分の思い通りには生きられなかった屈折した初老の男の正体が浮かぶ。

風間杜夫である。

「知仁」。芸名でない奴《やつ》の本名が唇から漏れて、苦く甘い液が口腔《こうこう》に広がった。

風間の芝居を観るのは、何十年ぶりだろうか。

四七年前、私たちは今日の舞台のような安アパートで暮らしていた。

知仁とは、同じ大手劇団の養成所の同期であったが、小沢昭一などが所属していたその劇団が揉《も》めて、私たちは首を切られた。

劇団員でもない私たちは文句も言えず、よけいにいきりたった。養成所に納めた金を取り戻して、勝手に劇団を作った。

「ドイツ表現主義にのっとり、我々の劇団の名を『表現劇場』とします」

一緒に劇団を作った、今も続いているコントグループ、シティボーイズのメンバーのきたろうが私にはよくわからないことを言って、劇団事務所のアパートを祐天寺の駅近くに借りた。

その安アパートに、私と風間、そしてもう一人のメンバー、斉木しげるが転がりこんでくる。

風間が実家から米をかっぱらってきて、炊いたご飯にマヨネーズ、少しの醤油《しょうゆ》をたらして、三人で食った。うまかった。

まるで、貧乏の固まりのような生活であった。家賃をためたら、大家が腹いせに風呂のフタを全部持っていってしまった。それだけのせいではないが、風呂が沸くのに、三時間もかかった。ガス漏れもしていたのだ。


舞台のセットがグルリとまわって、シーンはカラオケのある小さなバーに変わる。ミラーボールがまわり、風間がバーのママ役の女とカラオケを始めた。家族にもアイソをつかされた男の唯一のはけ口なのであろうか。

どのくらいの時間がたったか

昔、祐天寺の安アパートで、知仁は、ギター片手によく歌った。

ザ・カーナビーツのたぶん、あれは『好きさ　好きさ　好きさ』という曲だったと思う。

最後のサビで絶叫するのだが、風間はその時、かならず、私を指差すのであった。差された私は勘弁してくれヨとばかり、両手をオーバーに広げて、みんなの笑いを誘った。

風間が、あの曲を歌うのではないかと、私は客席の隅でドキドキした。指を差されたら、どうする。また、昔のように、立ち上がって、大げさにアクションを返すのだろうか。

しかし、その歌ではなかった。

再び、舞台はまわって、元の暗い安アパートになり、風間の長い台詞《せりふ》が続いている。風間は良い役者だ。長い台詞を難なくこなすのはもちろんだが、黙っている時、なお魅力的だ。良い役者は黙っている時に、その片鱗《へんりん》をみせる。あざとい動作は客に見透かされる。風間はそれをしない。

今、風間とは、昔の時間を取り戻すようによく会っているし、麻雀《マージャン》も楽しい。先日は焼肉を食べた。風間の奴、七〇にもなってキムチにマヨネーズをかけていた。私は思わず吹き出してしまった。

風間が、私たちの劇団をやめ、つかこうへいさんに誘われてから、ずいぶん長い間、付き合いが遠ざかっていた。私には、そんなこだわりはなかったのだが、一人、売れてゆく風間に、気安く声はかけられなかった。

後になってわかるのだが、風間も「いつまでも、昔の仲間との付き合いなどやめろ」と誰かにさとされたらしい。

その後の活躍は目覚ましかった。出演したつか作品の映画『蒲田行進曲』は大ヒットし、風間や平田満は世間に顔を売った。

その頃、私たちは、もうシティボーイズを結成して、地方のキャバレーやら、ビルの屋上にある、ビアガーデンの仕事で、その日を暮らしていた。

風間の『蒲田行進曲』を三人で観た記憶がある。

たぶん、すごく面白かったのだろう。私たちは打ちのめされて、一言も口をきかずに映画館を後にした。

たまたま仕事帰りだったので、私たちのバッグには、小道具が詰まって重かった。

斉木のバッグには、大きなマナ板とチョコレートパフェのグラス。

きたろうのそれには、使い終わって余った大根やらニンジン、それに野菜クズ。

私のバッグには、料理用の危険なほど大きい、本物の包丁が入っていた（その日仕事で使ったフェンシングの剣もはみ出していた）。

あれからどのくらいの時間がたったのだろう。今回芝居を観に来たのは、ある仕事がきっかけであった。

私の元に、本の朗読をしてほしいという仕事の依頼があった。

それが、伊集院静さんのエッセイ（『大人の流儀』）で、デジタル配信になるという。荷は重かったが、その会社の担当の女性にとても熱心に口説かれ、また、私の功名心も手伝って、その仕事を受けた。実は風間も同じ会社の仕事で、『ハリー・ポッター』全巻をたった一人で朗読することになったらしい。

その会社の取り計らいもあって、一席設けられ、風間からの誘いもあって、この客席にいる。

昔みたいに

舞台は、終盤に向かって、加速していく。そして最後にまた、初老の男が歩道橋の上に立っていた。黙って立っていた。

風間の楽屋を訪ねた。私は、舞台がはねても、人の楽屋には、あまり行かないようにしているのだが、この日は違った。会いたかった。

「知仁」

「オー、マコトか」

「やってるね」

「本当に来てくれたんだ」

「当たり前だろ……」

「……」

「……」

「お前、たまにテレビで麻雀やってるね」

「……」

「また、昔みたいに麻雀やろうか」

「うん、本当か」

五〇年近く前、私たちは仕事もなく、毎日麻雀ばかりしていた。斉木の誘いで風間も私も、銀座のラーメン屋の出前のアルバイトをしていたのだが、そこは日銭で金を払ってくれた。だから深夜の二時まで働いて、それから朝まで麻雀になる。負けた者は、次の日もバイトに向かい、勝った奴は、一日を優雅に過ごす。

優雅といっても、ゆっくり起きて、喫茶店のモーニングセットで腹を満たし、パチンコに向かう。一体、どこが優雅なのか。

風間と二人、高田馬場のフリーの雀荘に麻雀を打ちにいったことがあった。

朝まで打って、スッテンテンにされて、電車賃しか残らなかった。

朝の八時頃、私たちは駅に向かう通勤客とは反対に、トボトボとアパートに歩いた。

何人もの学生やサラリーマンとすれ違った。その坂道で私は誰にともなく、つぶやいた。

「毎日がこんなんだなあ。俺たち、どうすんだろ」

しばらくたって、今度は風間が風に向かって言った。よく聞こえない。

「何か言ったか」

「これでいいんだ」

「……」

「いいんだヨ、これで。大竹」

ボンクラ、その後

一枚の写真

広い道路にかかる長い歩道橋の下に老人が立っている。長い間立っていた。背は、私より低い。

歳《とし》は私より上であろうか。右手に杖《つえ》を持ち、反対の手には、この日の夕食であろうコンビニ弁当の袋をぶら下げている。四角い形だけが透けてみえる。

階段を上るのをためらっているのか。白い半袖のシャツにベージュのズボン。

午前中には雨が降っていたから、歩道橋の階段も手すりも濡《ぬ》れている。

弁当を、杖を持つ右手に持ち替えた。

私は信号が変わったので、アクセルを踏んで、左にハンドルを切った。ツバのある帽子の下から老人の顔がみえた。

直《すなお》、横一文字の濃い眉、その奥にあの静かな瞳があった。

直、いやそんなはずはない。奴はもう二〇年も前に死んでしまったのだから。


ここに一枚の写真がある。五三年前、京都に修学旅行に行った際に撮られたものだ。場所は桂川のほとり、嵐山近くあたりだったと思うが、確かではない。

白黒の写真には、斜めになった堤防のような場所に、八人の高校生が同じポーズで立っている。坂に沿って、左足をまっすぐ、右足は「くの字」に曲げて、そろって右手をみんな、腰に当てている。

寒かったのか、コートを着ている者が二名、残りは学生服である。

坂の一番上が岡田、次に私がいる。まだメガネをかけていない。長田、小林、日向《ひゅうが》、太田直、妹尾《せのお》、大谷。

高校二年C組の、あまり頭の出来の良くない連中である。

このうち、三人はもうこの世にいない。

一人は昨年の春、病に倒れ、入院している。回復の可能性は低いと聞いた。


私たちのクラスは、男女合わせて四〇人。当時は、一クラス五〇人、六〇人が普通であったから、かなり特殊だったのかもしれない。

二〇人は女子だから、残りの男子のうちの八人が、この写真に並ぶボンクラ。担任の森島先生は、かなり苦労されたと思う。バイオリンが趣味の英語の先生で、一日四時間も弾いているという噂《うわさ》がたった。

学校は中高一貫教育で、運動会もまとめて行う。我々C組の旗は赤色で、何かのデモの時、先生にあの大きな赤旗を貸してくれないかと言われた記憶がある。

その先生も、もうこの世にはおられない。私たちが卒業した後、定年退職され、富士山近くの山小屋に居を移し、生涯を閉じられたと聞いた。

卒業の時の別れの挨拶は五二年たった今でも覚えている。

「短いのでよく聞いてください」と断った後、「サヨナラ」とだけ述べられた。

職業に徹した、とても良い先生であった。


八人のボンクラ仲間は、三人がもうこの世を去った。それ以外にも、勉強のできた堀内も、少し不良っぽくおしゃれだった紅林も。

私は七〇歳になったが、みんな、早すぎはしないか。

太田直は中学時代から同じクラスで、いつも二人でジャレあっていた。

背は、私より低いが、眉がキリッと締まり、浅黒い肌はツヤツヤと光って、男でも惚《ほ》れてしまいそうな顔をしていた。

それが、五〇手前で、一人、地方のアパートで死んだと仲間から電話があった。

連絡がないので訝《いぶか》った弟が、アパートを訪ねたところ、一週間も前に亡くなっていたのがわかった。後に、そう知らせてくれた。死因は聞いていない。

太田とは、心を通わせていたと思うのだが、時折、スーッと距離ができることもあった。

卒業してからの音沙汰は、仲間からも伝わってこなかった。

仕事で東京近郊の都市をまわっているらしかった。結婚もしていなかったそうだ。

学校でははしゃいでいたが、彼の家に何度か遊びにいった時の記憶はぼやけている。家の前に大きな畑が広がっていたのが印象に残っている。

ただ、中学二年生の時、彼の望みだったかは忘れたが、私たちは下校の折、よく手をつないでいた。それは中学二年のほんの短い期間で、高校になってからはそんなことも忘れて遊んだ。

私は彼の通夜にも葬式にも行っていない。

セブ島で暮らす男、ニューヨークで暮らす男

八人のうち、元気でいるのは、私をのぞいて三人。

長田は、フィリピンのセブ島で暮らしている。彼は都内の区役所に勤めていた。私は彼の働いていた出張所で以前、戸籍謄本をとったことがあった。

「真《まこと》、税金をちゃんと払ってるか」などと冗談めかして言われた。

長田はその頃、東京のクラブに出稼ぎに来ていたフィリピンの女性と親しくなり、彼女が国に帰った後、何年も仕送りを続け、セブ島に大きな家を建てた。数カ月に一度は、セブ島を訪ね、二人の子どもをもうけた。結婚もしたのだが、両親にそのことを話しておらず、父親が亡くなった後、五〇歳を超えて役所をやめて、今日までセブ島暮らしを続けている。

一年に一度、東京に年金をもらいに来るが、そのついでに、私たちと飲んだりもした。

大谷は、一昨年と一昨昨年の冬、二度にわたって右足を骨折したが、今は治って、ニューヨークで暮らしている。

大谷も、中学、高校と六年間、同じクラスであった。

母親と二人暮らしの大谷に、「銀座に行くけど、付き合ってヨ」と頼まれたことがあった。

中学生の私は、まだ銀座に行ったことがなかったが、友の真剣さに押されてついていった。

銀座の一流の洋服店、そこには大谷の父親が仕立て屋として働いていた。洋服をスマートに着こなした、背の高い父親は、私たちをレストランに招待してくれた。私は生まれて初めて、エビグラタンを食べた。

表面が薄く焦げたエビグラタンの器が熱くて、クリームの味が舌にとろけた。

大谷は本妻の子ではなかった。

私は世の中は複雑で簡単には生きられないと思った。


この進学校で高卒なのは、私と大谷だけである。

彼は、高校を出て、船乗りになった。世界の海と街を渡り歩いて暮らしてみたいと思ったそうだが、会社とのトラブルで一年もたたないうちにやめてしまう。

次に彼の選んだ仕事はドラマーだった。ジョージ川口について、アメリカに行ったりした。実際に彼のたたいたドラムがアルバムに残っているらしい。

いろいろあった大谷が最後に選んだ仕事は、エージェントである。なんでも、日本のコマーシャルの撮影隊に世界の山や街、その撮影にかなった風景を紹介するのだという。

ニューヨークに居を構えて、飛行機の中で知りあったステキな奥さんともう二〇年以上、暮らしている。

昨年も雪を撮りたいという依頼を受け、スロバキアまで行ってきたそうだ。

二年C組の最後の大物

問題は妹尾である。

彼は大学に進んだのだが、いつも私の近くにいた。

高円寺近くのアパートにも一緒に住んだ。私が勝手に転がりこんだのだが、仕事で一カ月の巡業を終えて帰って来た時、そのアパートを妹尾が引き払ってしまい、もう他人が住んでいた。

妹尾が親からもらった車の教習所の教習料を二人で使った。もちろん、私のも二人で分けた。

二人で遊んでいるうち、妹尾は大学をやめて、私たちの劇団にシンパシィを感じ、「空間演技」という劇団に入った。

確か、岡本喜八監督の『ダイナマイトどんどん』で、まあまあの役を演じるのだが、その後は続かなかった。

私が借りた祐天寺の駅から三分の、家賃一万八〇〇〇円のボロアパートに、今度は妹尾が勝手に住みはじめる（後に、このボロアパートに七人が住むことになる）。

妹尾は、何かの事情で東京にいられなくなって、大阪に逃げた。その大阪でも、揉め事を起こして、先に逃げていた私の知り合いの五郎と、五郎の女と東京に舞い戻った。私のアパートに。

二度結婚したが、二度別れた。

岡山県にも住んだが、また東京に戻ってきた。夏の陽炎《かげろう》がたつような、暑い日。

太陽を背に、ボストンバッグ一個を持ち、ジーパンにビーサン、サングラスをかけて、私の前に現れた。指をパチンパチン鳴らしながら、「真、昔のようにやろうぜ」と叫ばれた時、私は腰から崩れた。

それが一〇年以上前の話である。妹尾はもう五八歳であった。

しかし、妹尾は誰からも憎まれない愛嬌《あいきょう》があった。

いくら責めても、最後にはみんな、彼を許した。

私は、二年C組の最後の大物と呼んでいる。


そいつらと今日、自由が丘で会う約束をしている。

長田はフィリピンにいて来られないが、妹尾は日払いのアルバイトをしているから、いつでも空いている。大谷がニューヨークから戻ってきている。

京都の桂川の堤防から五三年。死んだ仲間たち、太田、小林、日向。そして、病に倒れている岡田。

きっと、みんな、集まっている。

第二章　私たちがそれを選んだ

紫陽花《あじさい》は咲いていたのか

ある土曜日

いつもの年なら、この季節は道端のあちこちに咲く紫陽花に心を癒される。
どこそこの寺に咲いたそれがきれいだというのではない。
道端や、塀際に隠れるように、六月の雨に濡れているその花である。
六〇を超えれば、みんな、草や花が好きになるのか。
しかし、一昨年は、いや確かに咲いていたとは思うのだが、記憶がない。

そういえば、二〇一七年六月は私たちジジィのライブもあったし、世間も選挙やら、森友学園や加計《かけ》学園の問題もあった。北朝鮮はミサイルを飛ばし続けていた。月曜~金曜のラジオの生放送、その合間にライブの台詞を覚えた。

二〇一七年七月二日は都議選の投票日だったが、私は、その前の土曜日に期日前投票に行ってきた。

近くの投票所は、家から歩いて一五分くらい。

歩くのは楽しいが、坂道はつらい。シリの下のほうの筋肉がピクつく。ふくらはぎに鉛でも入っているのか徐々に重たくなる。平らな道になってからも、何もないのにけつまずく。

「老いる力」と誰かが書いたが、そんなものはあるのか。

K駅は坂を下った先にあり、神田川と並ぶように電車が走っている。狭い地形のせいか、踏み切りの際までホームがせり出している。

そして、その踏み切りは短い商店街に通じているから、当然のように車両の通行は禁止されている。

土曜日の午前中、混むというほどではないが、雨上がりの後、人々はのんびりと散歩がてら買い物などをしている。

自動販売機の横のベンチには、婆《ばあ》さまが三人、お茶を手に楽しそうだ。

乳母車に犬が二匹、それを婆さまが押している。なんだ、これは。

しかし、本当に老人が多い。もちろん、私もそれに入る。

一台の軽トラックが進入してきた。近所の住人は、そこが車両通行禁止なのを知っているから、口々に「あらあら」とか「ダメダヨ」と言いながら、困った顔で軽トラックをみていた。

しかし、あたりの視線を無視して、軽トラックは踏み切りに進入してしまった。ナンバーは都内のものではなかった。

荷台には農具らしきものがみえる。運転手は老人だ。たぶん、都内のわかりづらい道に迷ってしまったのだろう。

その時だ。駅のホームのほうから、何やら大きな声が聞こえた。

「ダメなのよー。ここは車は通れないんですヨー」

踏み切りに近いホームの端に立った、水色のワンピースを着た女性が、いや、よくみると老女が叫んでいる。

「ダメヨー。通ったらダメー、ダメなのヨー!」

いや、老人であった。女装をした老人だ。ベージュの傘を振りまわしている。銀色のオカッパ頭は、かつらかもしれない。腰も少し曲がっている。七〇は超えているだろう。

居合わせた人々は、まだこの状況を飲みこめていない。

しかし、その妙なイントネーションのしわがれた声は、窓を半開きにして運転していた老人にも届いたらしく、軽トラックは踏み切りの真ん中少し手前で止まってしまった。運転席の老人が、同乗のたぶん妻であろう婦人に何か話をしているが、声は聞こえない。

そして、ゆっくりとバックを始めた。軽トラックの運転はおぼつかない。車は斜めに下がり、枕木のあるジャリに後輪が落ちそうになった。

赤色のランプが点滅して警報機が鳴りはじめた。

「ダメヨー。車ダメー」

女装の老人が言っていることは間違っていない。しかし、どこかその言動は常軌を逸している。銀色のオカッパ頭のかつらが少しずれたかもしれない。居合わせた人々は、どちらをみたら、そして何に反応すべきか理解できないままでいる。

たった数秒前にあった、穏やかな日常が消えた。

誰かが仕掛けたいたずらのようだ。状況の異質さが判断を鈍らせる。

私は、期日前投票の紙をヒラヒラ振りながら、軽トラックにヨボヨボと走った。

「止まれ、下がっちゃダメだ。前進、前に行くんだ」

あと少しで遮断機が下りはじめる。危ない。私の頭も混乱している。

「え、何ですか？」

「何ですかじゃない、前に、前に行くんだ」

意味はわかったはずなのに、軽トラックは止まりはしたが、動こうとしない。

ホームの老人はまだ、傘を振りまわしている。傘と同じベージュのヒールから、老いたくるぶしが変色しているのが痛々しい。

「あ！」

軽トラックの老人が何か気づいた。

「大竹さんだ、大竹さんじゃないですか！」

確かに、私は大竹さんだが、そんなことはどうでもよい。私は大竹さんだぞ、と他人のギャグを真似《まね》ようと思ったが、そんな場合ではない。

「前進だヨ、オジサン」

軽トラックの老人が何かささやいた。助手席にのっている奥さんが私に笑顔で挨拶した。

「だから、車、早く動かすんだ」

軽トラックは、ギアをDに戻してやっと動きはじめて、踏み切りを渡りきって、反対側の道の真ん中に立っている通行禁止のマークの横まで行って止まった。その直後に遮断機も下りた。まったくやれやれである。

まわりの老人たちも警報機が鳴りはじめた時には、線路を渡りきり、それぞれに散っていった。ホームの女装の老人も到着した電車に吸いこまれていった。

軽トラックの老人は「埼玉から来たもんだから、道がよくわからなかったんだヨ」と詫《わ》びながら告げた。

そういえば、いつもその線路まで続く短い商店街の入り口には通行禁止のバス停のような立て札が道の真ん中に立っていたはずだが、それがなかったように思う。誰かが、何かの都合でどかしてしまったのかもしれない。あの立て札さえあれば。陽《ひ》も差して、空間のヒズミが修正され、静かな土曜日が戻ってきた。

本当に大丈夫なのか

私のおせっかいは、良かったのだろうか。結局、この日も道端に咲く紫陽花は見つけられなかった。

次の日の夜、仕事を終えて、家に帰ると、都議選の速報が流れていた。

予想を超えて、小池百合子さんの新党「都民ファーストの会」が票を伸ばし、自民党は大きく負けていた。

公明党は安定していたが、民進党は数を減らした。共産党は議席を増やした。

しかし、これは都政だけで票が動いた結果ではないと知っている。

獣医学部新設をめぐる問題で、地元に選挙区のある自民党の村上誠一郎・元行政改革担当相（衆院愛媛二区）も安倍政権について、七月一五日の『東京新聞』でインタビューに答えている。

「今治市は一般会計で九百億円近い借金がある。『第二の夕張』になりかねないのに、なぜ百億円も『ぬれ手で粟《あわ》』で差し出さなければいけないのか」と、そして都議選の大敗は、「政権がやっていることは間違っているのではないか、という世論が如実に表れた」。

氏の言葉はもっと厳しく続くのだが、ここでは割愛しよう。

憲法学者の木村草太さんは、七月から施行された共謀罪（テロ等準備罪）に強く反対している。

共謀罪、私はよくわからんが、表現の自由の幅が狭くなるのは息苦しい。

よくわからないと弁護士の角田《すみだ》龍平さんにラジオの生本番で尋ねたら、テロ等準備罪をエロ等準備罪であると仮定すれば、わかりやすいと答えてくれた。

つまり、「エロ等準備罪があると仮定した場合、女性と性交もしくは性交類似行為ができたらなあーと友人に話した後、ＡＴＭで食事代をおろせば罰せられる可能性がある」と話してくれた。

私は期日前投票を済ませたが、正直、四〇代前半まで投票には行かなかった。二人目の子どもが生まれ、その前後に『TVタックル』が始まった。その頃から、投票に行くようになった。

番組では徐々に政治の話題が多くなり、義務を果たさずに番組で語ることができなくなったからだ。

しかし、その後、「消えた年金問題」が起こり、忘れもしない3・11の東日本大震災。福島の原発事故。八年以上たった今でも、そこには誰も住めない地域もある。朽ちた家と採っても食べる人のいない柿の実がなっている。

選挙は我々の権利だと思うようになった。

今回は選挙に行ったと、投票は義務でもあり権利でもあると書きたかったのだが、あまり真意は伝わらなかったかもしれない。

選挙に行ったところで、死に票になるかもしれないしね。

しかし、やっぱり、私は選挙に行くと決めた。K駅の町は老人ばかりであったし、これから日本はとんでもない時代になるだろう。分母が減って、分子が増えるからだ。若い人たちが年寄りを支えなければならない。

社会保障の金額が大幅に増える。なのに、日銀は、金融緩和政策をかたくなに遂行しようとしている。

本当に大丈夫なのか。

今までのルールも変わるかもしれない。

紫陽花をみることはできなかったが、たぶん、紫陽花は咲いていたのだろう。誰かの家の塀の陰に、もしくは生い茂った雑草に埋もれて。

私の一票も、それと同じで何の役にも立たずとも、年寄りは若い人のために投票に行くのだ。

炎上

調子にのるジジィ

世間にとっては、ハチのキンタマほどの小さな事件だったかもしれないが、私には大きな衝撃であった。

私のツイッターが炎上したのである。マネージャーのI君から報告があった。

「何だ、そりゃ？」

「いや、大竹さんのTOKYO MXテレビでの発言がスポーツ新聞に掲載されて」

「言ってることがわからないんだけど」

「ツイッターに三〇〇〇以上の投稿があって、燃えてるんです！」

はて、炎上。そりゃどこかで聞いたことがある言葉だが。

「そりゃ、事件なのか？」

「まあ、事件といえば事件ですが、まあ、それを商売にしている人もいますから、事件かどうかは微妙なところですね！」

要するに、私のテレビでの発言に非難が集中しているらしいのである。

私は、その日、夜九時から『バラいろダンディ』という番組の生放送に出ていた。番組前半からかなりスタッフにウケていて（錯覚かもしれない）、後半に向かって、私は調子にのって飛ばしていた。

若手ならともかく、調子にのっているジジィは見苦しい。わかっていたのだが、旧知の板東英二さんもご一緒だったので、私は気楽でもあった。

板東さんに向かって、「みなさんは、ここに板東さんがいると思ってるけど、本当はもう死んでるんだからネ」などと軽口をたたいていたくらいだ。

番組後半、話題は将棋界で二九連勝中だった藤井聡太四段（当時）の話に移った。中学三年生、一四歳の藤井四段が次々と勝ち進み、将棋界のみならず、世間の注目を集めていた時期のことだ。

生放送の番組は後半になれば、その秒数が限られてくる。司会者に大竹さんいかがですかと振られ、「誰か藤井を止めろ」と叫んだ。たぶん、ほかの誰もが言わないであろう意見を求められたのだと思った。それが私の役目だ。「ネクタイをちゃんと締めろ」とも叫んだ。

この発言がスポーツ新聞で文字に起こされたのだが、その時、私は「誰か藤井を締め上げろ」とも言ったらしい。

そんなことは口にしていないつもりだったが、マネージャーのI君に確認してもらうと、確かに私はそうも叫んでいた。

生放送の終了間際、調子にのって発した言葉である。

番組終了後も、テレビ局には視聴者からの悪い反応は特になかったという。しかし、スポーツ新聞に取り上げられた後からツイッターが炎上した。

もちろん、私は、藤井四段に何の悪意も持っていなかったし、まして、彼をおとしめようなどという意図もない。むしろ逆で、弱冠一四歳の若者にエールを送りたかったくらいである。だから、なおのこと「止めろ」と叫んだのだ。

あの時、負けて良かった

長く生きていればわかることだが、勝負でも恋愛でも、また、その人が生業《なりわい》として日々の糧を得る仕事であっても、勝つよりも負けて得るもののほうが大きいのだ。

私には、いろんなところで負け続けてきた経験がある。遠回りと言ったほうがわかりやすいか。

己が歩んできた道が成功か否かの判断はついていない。ただ、あの時、負けて良かったと思うことがある。

若い頃、ステキな彼女に振られて、一年半くらい落ちこんで、それは苦しかった。でも、後にとても大切な時間であったとも気づく。

考えてもみたまえ！

誰にも振られずに生きてきたら、一体どんな男になっていたのだ。振られて良かったのだ。

シティボーイズは、『お笑いスター誕生‼』というテレビ番組で、見事一〇週連続で勝ち抜くという寸前の九週で落とされた。その時の審査員の顔は、今でもはっきりと覚えている。実際には何もしなかったけれど、心の中では復讐《ふくしゅう》まで考えていた。

それから一年、悔しさをバネにコントを磨いた。

大阪の劇場に出演した時にも、まったくウケず、泊まった安旅館の枕を涙で濡らした。

三〇歳になったばかりの出来事だった。

しかし、『スター誕生』で落とされ、大阪でウケなくて、本当に良かったと心底思っている。

もし、栄冠を勝ちとっていたら、たぶん、私はここにはいない。

ここが良い場所かどうかはわからない。しかし、ここにはいない。

若い人たちが輝いているのは、スポーツ界、芸能界、その他の業界を問わず、とても嬉《うれ》しいし、成長も大いに期待する。

しかし、負けを知らずにどうする。長いスランプも後には得がたい経験となる。

プロ野球には、ドラフトがあり、選手が指名され、彼らは若くして大金を手に入れる。以前、ある高名な作家に、若くしてあんな大金を手に入れた選手はどうなるのか、聞いたことがあった。多くの選手はその金にやられる、と答えられた。ほんの一握りだけが生き残ると。

若くして手に入れた、その名声、そして大金。

彼らはどうやって生きていくのだろう。

それでも、きたろうにこの一連の話をすると、「勝負の世界は、勝ち負けだ。いくら若くても、勝ったほうが強い。それがルールだ」と断言された。

本当にそうなのだろうか？

不寛容の時代

今回の件では、文字の持つ冷静《クール》さにも改めて驚かされた。

テレビでの発言をそのままのせた新聞では、言葉のニュアンスはまるで伝わらない。

映画『男はつらいよ』に出てくる団子屋のおいちゃん（森川信）は、寅さんが去った後、「寅の奴、アイツは本当に馬鹿なんだから」と、口癖のように言う。おいちゃんが話せば、私たちにはその言葉にあふれる愛情だけが伝わってくる。

しかし、同じ言葉を文字にすれば、音声がない分、とても冷静に伝わる。そこには、読者の感情がのせられることはあっても、画面の役者の声は届かない。発せられた言葉は怖くもあるし、優しくもある。

文字で「貴方を心から尊敬しています」と書けば、それはたぶん、言葉通りに伝わるだろう。しかし、テレビなどの音声にのれば、そこには発した者の感情が加わるから、本来の意味にも逆の意味にも成立してしまうのだ。

現代は、不寛容の時代だという。社会学者の西田亮介さんは、その著作『不寛容の本質』の中で、「税収がバブル期の水準にもかかわらず豊かさを感じない」「生活者は、（中略）経済的に裕福になってはいないことは明らかだろう」と述べている。

また、西田さんは、その本の中で、ＮＨＫのアンケートを取り上げ、「今の日本の社会について、どう思いますか」という質問で、「心にゆとりを持ちにくい社会だ」という項目に「そう思う」と答えた人が六二パーセントもいたと記している。

本の帯には「なぜ、こんなにも息苦しいのか？」とある。


一昔前のテレビは、棲《す》み分《わ》けができていた。

『11PM』は大人の観る番組で、子どもはこっそり観て親に叱られた。『時間ですよ』はコメディドラマであったが、毎度、風呂屋の入浴シーンがつきものだった。あの女風呂に若者たちの心や体がどれだけ癒されたことか。

正月には、志村けんさんが毎年恒例で人間スゴロクをしていた。サイコロを転がして、出た目によっては老婆と混浴したりしていた。腹を抱えて笑った。

上岡龍太郎さんと島田紳助さんは、生放送で全裸の女性の股の前に座ってトーク番組を展開していた。ちょっとでも顔を動かしたら、女性の局部が映ってしまう。上岡さんは「あの後、本当に首が固まった」と笑っていらした。

俗悪番組とレッテルを貼られても、なお番組は続いたのである。

たぶん、今はそういかない。

こんなことを書くと、私のような年寄りは、すぐに昔は良かったと言うと思われそうだが、そうではない。

今のネットとテレビは、区分けができているようで、実は地続きではないのか、と思うのだ。

私はネットが悪いとは思っていない。

誰もが自由に発言できるし、発信もできる。ネットでブログなるものをやっていた、作家の燃え殻さんは、その文章が読者の心を惹《ひ》きつけ、ある日、某社の編集者の目に留まる。そして、すぐに本を書いてみたらと言われて、『ボクたちはみんな大人になれなかった』という小説ができた。とても良い。

私は、マネージャーのI君に言われて、ツイッターなるものを始めてみたが、どうもしっくりこない。ほかのタレントや作家は、公演のお知らせなどに利用しているらしいが、なぜか、私はダメなのだ。

そのツイッターが、ある日、突然、炎上する。私には、その意味さえわからない。

ただ、ツイッターの文言にあることは、一面、真実だとも思う。

「老害は死ネ」とわざわざ言われなくても、もう仕事もさほど多くないし、コメディアンとは、その時代と添い寝した男（女）たちのことだと思っている。持論である。

時代から少しでもずれたら勝手に死んでいくだけである。

そろそろ、そんな局面が来たのかなあと思う。

いつまでもウジウジとテレビなどに出ていたくはない。

しかし、「また、あのジジィがやりやがったな、ちくしょう！」とも言われてみたい。

心底、庶民の側に立っていたいとの気持ちでやってきたが、全世界を敵にまわしたい欲望にもかられる今日この頃である。

銀杏《いちょう》

私の安らぎの場所

黄色く色づいた銀杏の葉が先を争うように散ってゆく。聞くところによると、銀杏の葉は、その木にもよるが、早ければ二時間ですべての葉が落ちるという。

文化放送で月曜から金曜のラジオの仕事を始めてから一二年、毎日、明治神宮の絵画館に通じる銀杏並木の前を通ってきた。

初冬、雨の並木はきれいに色を変えて、冬が近いことを私に教えてくれる。並木道の街路は、ひとたび北風が吹けばあっという間に黄金色に染まる。地面がみえないほどになるのは、散る速さにも起因するのだ。

今のこの道は、以前とは風景が変わった。

黄葉をみようと、この数年ぐらいから多くの人が集まるようになった。

都会の緑が年々減って、都民らの憩いの場は少なくなった。オリンピックの影響もあるだろう。この並木道のすぐ先では、新国立競技場の工事も進んでいる。再開発も進み、都心で憩える場所はもう数えるほどしかない。

いやそれだけではない。

近頃は、インスタグラムなるものが流行《はや》って、この色づいた銀杏並木をスマホで撮り、それをSNS（ソーシャル・ネットワーキング・サービス）にのせ、みんなからの共感を得ることが喜びらしい（具体的には「いいね！」がつく）。

そして、その数を競う。若者たちの間では普通になっている。

若者ばかりではない。年寄りたちも、車道にはみ出してまで、スマホをいじっている。

確かにそこは雨の並木を写す絶好の位置ではあるけれど。

何かの祭りかと思うほどである。

以前は、こんなことはなかった。私はラジオに向かう前のひととき、ここに車をよせ、窓を開け、ほんの数分間ぼんやりするのが日課であった。

冬の初めには、小さなつむじ風が起こり、落ち葉がクルクルと舞った。通りがかりの私と同世代のジジィも、そのつむじ風に巻きこまれ、ニコニコまわっていた。

夫婦であろう年老いた二人づれは、国道246を背にゆっくり絵画館のほうに歩いてゆく。老人の手にはコンビニでもらうようなレジ袋。二人の後を、数十羽の鳩がついてまわる。いつもお決まりのグリーンのベンチに座ると、鳩が囲む。老人は袋から細かくちぎったパンくず（らしきもの）を大きくまく。鳩が必死にそれを食べていた。

若い奥さんが、小さな子どもと手をつないで、もう一方の手で乳母車を押している。

ハラハラと銀杏が舞う。私はタバコに手を伸ばす。

都に依頼されたであろう業者の人が植木の手入れをしたり、ベンチにペンキを塗ったりしていた。

前はベンチの横に金網でできたゴミ箱があったのだが、今はもうない。ベンチ前には、灰皿もそなえつけてあったが、何年か前にそれも撤去されてしまった。ちょっと車を止めてくつろぐ場所さえない。

タクシーの運転手なども、ここによく止めていた。

ラジオの仕事を始めて一二年。何年もの間、ここは私の安らぎの場所であった。

あるテレビ番組で、都会の子どもたちに未来の都市を描かせるというものがあった。

私たちもかつてそんな絵を描かされた。手塚治虫の未来都市にならって、宙を走る車などを描いたが、今は違う。今の子どもはみな一様に、緑一杯の都市を描くという。

私の家の近所は、まだ緑なども残っていたが、通るたびに、建物の工事が始まっている。老人ホームが建つのだという。

しかし、問題はここで終わらない。

自分の評価を人の手にゆだねているのは誰だ

話は先ほどのインスタグラムに戻る。

なぜみんな、こぞってSNSにはまるのか。

一九五九年生まれの社会学者、宮台真司さんは『朝日新聞』（二〇一七年一二月七日）に「『空虚な承認』わきまえて」というタイトルで、インタビューに答えている。

「『インスタ映え』の現象は、社会からの承認が欲しいのに得られない、という不安の埋め合わせです」、なぜなら、「社会の承認のベースとなる、仲間がいないから」だ、と。

学生たちは、「けんかもしないし、本音もいわない。表面的な、損得勘定のつきあいです。それでは仲間はできない」と厳しい。

だから、「不特定多数から『いいね』を募れるフェイスブックやインスタグラムは、埋め合わせとして都合がいい」と。

稀代《きだい》の社会学者の鋭い分析である。

果たして、これは若者たちだけの現象であろうか?

スマホを手に絵画館前に集まる人々の多くは、単に緑が恋しいだけではなかったかもしれない。

私は、スマホはいまだに使えていない。ガラケーさえ、持て余している。

しかし、下の世代は、みんなスマホである。

東京は五輪に向けて、着々と準備を進めている。株価も上がり、企業の業績も盛り返しているというが、そうなのだろうか。

私の友人は、昨年、職場をなくした。今は、外国人などを集めて労働者として仕事先に送りこむトラックに同乗している。週三日ぐらいしか、仕事がまわってこないとぼやく。

その友人は、晩飯のラーメンと餃子《ギョーザ》とビールの写真を私に送ってくる。

リアルな日常はつらいが、写真に撮って送れば、もう自虐的な笑い話である。

みんな、この世からの逃亡者のようだ。

この社会に座席がないのは、若者ばかりではないように思う。

しかし、他人の評価（いいね！）がすぐに、跳ね返ってきて、社会の中でどれだけの濃度で自分が存在しているかを計測するのは、「空虚な承認」を求める若者たちや銀杏並木に集まってくる人々だけなのか。

冷たい汗が腋《わき》をつたった。

私の商売は何か。「いいね！」を一番に欲しているのは、テレビの視聴率、己の評判、自分の評価を人の手にゆだねているのは誰だ。

岬に立って、好きな台詞を海に向かって叫んでも、何も返ってはこない。

右にも左にも傾くことのできない不安定な尾根を怖々と歩いてきたのは私ではないのか。

観客の一人が「あいつは終わった」とつぶやけば、伝染病のように言葉が広がる。

私のような中途半端な芸人が生き延びてこられたのは、インスタグラムなどのSNSが今のように浸透していなかったからなのかもしれない。

まったくネットによってあやうく自分の存在まで疑ってしまうようで怖い。しかし、それが現代の一側面でもあるのだ。

一方、ブロガーで作家、一九八六年生まれのはあちゅうさんは、宮台さんと同じインタビュー記事内で「生き方にもつなげる世代」のタイトルで、まったく別の見方をしている。

「若い人たちには、ネットがリアルと同じか、それ以上に大事」だという。

「リアルのコミュニケーションしかなかった時代と違って、ネットを通じて、友達の新たな一面を知ることもできる」、と「むしろネットの方がよりリアル」だと話す。

「私のツイッターには、16万人のフォロワーがいます。実物の私に会ったことがある人は少なくても、16万の人たちが毎日どこかで、私のツイートを目にしている」と続く。私たちは「日常生活でもネットとリアルを何度も行き来してますよね」という。

確かにそうだ。

新しいものは古くなる

私の作文を読者の方はなんと受け止めるだろう。

ジジィが何をほざくかと思われた人もいるだろうが、「まったくだ」と膝を打つ方も少しはいてほしい気持ちだ。

いずれにせよ、若い人たちは、はあちゅうさんのように、スイスイと時代を泳いでほしいと思う。

都市にこれだけ緑が少なくなったのも、誰のせいだとか、声を荒らげるつもりもない。たぶん私たちがそれを選択してきたのだ。

ちょっと田舎に行けば、日本は山だらけであり、きれいな川も流れている。夏など息苦しいほどの緑に囲まれる。

絵画館前の喧噪《けんそう》など、一時のことで、また以前のように静かな日常が戻ってくるかもしれない。鳩やカラスと老人だらけ。それはそれであまりよろしくない。

いや神宮外苑《がいえん》は銀杏だけではない。手前の高速の出口を左に折れれば、春にはそこに見事な枝垂《しだれ》桜が何本か花を咲かせる。

若い者も歳をとる。

新しいツールは古くなる。

いいものだけが残って、それを手にネットと日常を行ったり来たりしてほしいと思う。

もちろん、私はそれを何処《いずこ》からかみていたい。

第三章　傍観者でいるのか

傘がない

どの宿に泊まれば朝飯にありつけるか

「テレビでは　我が国の将来の問題を」

五〇年近く前、井上陽水が発表した歌「傘がない」の一節である。

歌詞は「誰かが深刻な顔をして　しゃべってる」と続く。そして、「だけども　問題は今日の雨　傘がない」「君に逢いに行かなくちゃ」と透明な声で歌う。

一九七二年の二月には、浅間山荘事件があった。その二カ月後くらいにこの歌が発表された。

私は二三歳であった。

学生でもない私は、熱病のような学生運動の終わりを、ただテレビで遠くからみていた。社会の問題にも、そして恋愛にもうまく辻褄《つじつま》が合わせられないでいた私は、この社会には私のようにどっちつかずの人もいるのかと妙な納得をした。

もちろん、これは私なりの解釈だ。「傘がない」の歌詞の解釈についてのヤフーの「知恵袋」のベストアンサーとは違う。

ベストアンサーには、「学生運動が下火になってきて、『自分たちの力じゃ社会は変えられないんじゃないか?』という疑問と挫折が芽生えてきた時期でした。(中略)『自分の幸せを考えることは悪いことではない』というメッセージに若者たちは救われたのではないでしょうか?」とあった。

自分の立場をクールと言えれば格好いいが、そうではない。

社会に出てはいたが、私は社会と関係がなかった。半径三メートル以内をウロウロしていたにすぎない。

六〇年安保では、デモに参加したある女子学生が死んだ。そして安田講堂事件、よど号ハイジャック、連合赤軍、学生たちは内ゲバの道をたどる。

私は耳を塞いだ。それよりも、今日の晩飯、明日は誰に金を借りるか。どの宿に泊まれば朝飯にありつけるのか。

ベストアンサーではない答えが、この歌詞にあるような気がした。

私はオンチだから、口ずさむわけにはいかない。ただフムフムと口を動かした。


テレビのワイドショウは二〇一七年、連日、北朝鮮のミサイル、核の脅威を伝えていた。関係者に聞くと、これが一番視聴率を稼げたそうだ。毎日、放送しても視聴率が落ちないという。

アメリカの大統領も相変わらず過激な発言を繰り返している。

日本は、イージス・アショアなるものを二つ、それに戦闘機などの導入も決定した。アメリカの造る兵器が売れている。トランプ大統領は礼を述べた。

それが、芸能人や政治家のスキャンダルと同じレベルで茶の間に届く。

私たちは、あふれる情報の断片だけを頼りに日本の行く末を心配している。

国はJアラートなるものを発し、東京では電車も止まった。地方は、それよりも前に、いざという時の訓練まで始めた。

何でも、近くにある大きな建物に避難すればよい、何にもない時は、地ベタに伏せて頭を両の手で覆うのだそうだ。

もちろん、北朝鮮のミサイルが日本上空を飛んだのは確かだが。

私たちに一体、どんな術《すべ》があるのか。

みんな何を知っているのか

国連の安全保障理事会は、北朝鮮へのさらなる制裁を強めた。ロシアも中国も賛成にまわった。

世界は、アジアは、一気に緊張を高めた。

北は、なお核兵器開発を続けなければ、イラクやリビアのようになってしまうと思っている。

唯一の被爆国である日本は、核兵器禁止条約の採択に参加しなかった。日本政府は、我々の選んだ政治家は、どの道を進もうとしているのか。

朝日新聞（二〇一七年九月一三日）の投書欄には、庶民の声がよせられている。

タクシー乗務員（67）

「私も若き日にベトナム反戦運動をした平和主義者だが、（中略）危険国家を前にすると、とりあえず（核を・引用者注）持った方がいいのかな、などと思ってしまう恐ろしい思考停止状態なのです」

高校非常勤講師（62）

「果たして軍事的威圧や経済制裁の強化といった対応は有効なのだろうか」

社会福祉士（65）

「核兵器を使えばどうなるか、よく考えてほしい。（中略）核保有国の身勝手な理屈とは決別すべきだ」

投書は、年齢の高い方が多い。

とても真剣である。私が勝手に中略したりしているので、本人の意図が十分に伝わっていないかもしれないが、紙幅の都合もあり、意図が間違っていたら謝る。

投書欄にのっている彼らは果たして、どんな人生を歩まれてきたのか。

彼らの父たちは、私の父と同じように、戦争に行ったのか。そして、私と同じように、断片的な知識を必死にかき集めているのか。

そもそもこの国の政治にたずさわっている人々も、一体、何を知っているのか。


作家で元外務省主任分析官・佐藤優《まさる》さんは、二〇一七年九月八日の『東京新聞』の「本音のコラム」で「これから書くことは日本政府関係者や外国のインテリジェンス専門家から得た情報ではない。純粋に筆者が頭の中で考えただけのものだ」とことわって、これからの日本をとりまく情勢を次のように予測している。

「トランプ米大統領は北朝鮮に対する武力攻撃に言及しても、百万人以上の死者が想定される第二次朝鮮戦争を引き起こすような事態は避ける」

「北朝鮮が北米大陸に到達する大陸間弾道ミサイル（ＩＣＢＭ）の開発を断念すれば、米国が北朝鮮の核兵器と中距離までの弾道ミサイルの保有については認めるという妥協が成立するかもしれない」（もちろんこれは日本全土に届く）。

「日本の核武装は非現実的なので、（中略）『もたず』を部分的に緩和する『非核一・五原則』という発想が出てくるかもしれない」

本当にそんなことになるのだろうか。疑義を呈したいが、私には専門の知識もない。政治家の中にも、佐藤さんと同じ意見を持つ方もいる。

元内閣官房副長官補の柳澤協二さんは、日本政府は「ミサイルを撃たれても大丈夫だ」という対応をとろうとしているが、ミサイルの着弾を一〇〇パーセント防ぐことは不可能だと新聞のインタビューに答えていたように記憶している。

そして、重視すべきは抑止力の強化ではなく、米朝の緊張緩和に向けて働きかけることで、外交安全保障上の目標もそこに置くべきであると論じている。

どうしたら良いのか。

ドナルド・トランプが米国の大統領に選ばれた。メキシコにカベを作ると公言し、アメリカ・ファースト（米国第一主義）をとなえている。彼は、二〇一七年九月一九日の国連演説で、金正恩《キムジョンウン》を「ロケットマン」と呼び、「米国が『自分や同盟諸国を防衛するしかない状況になれば、我々は北朝鮮を完全に破壊するしか、選択の余地はない』」（『BBC NEWS JAPAN』二〇一七年九月二〇日）と挑発した。

民主主義の国が選んだ大統領はドナルド・トランプなのだ。社会の混迷に拍車がかかる。その米国と日本は安全保障条約を結んでいる。果たしてトランプ大統領と日本の政府は、歩調を合わせていくのか。

何を叫ぶ

ここに一冊の写真集がある。『トランクの中の日本―米従軍カメラマンの非公式記録』。若き米従軍カメラマンが一九四五～一九四六年、焦土となったヒロシマ・ナガサキを非公式に私用カメラで撮った写真である。

その中に、焼き場らしき場所（みんなが死者を焼いている）で一〇歳くらいの少年が、背中に幼児をおんぶヒモでしっかりくくりつけ、直立不動で立っている写真がある。少年は裸足《はだし》である。よごれた半ズボン、頭はきれいに丸がりだ。

焼き場の熱風にも動じず、指の先までピンと伸ばして立っている。眠っているようにみえる背中の幼児はもう生きてはいない。ぐったりと首を少年の背中とは反対のほうにたれている。

少年は、焼き場の順番を待っているのである。唇を真一文字に結んでいる。黒いおんぶヒモは、誰かに締めてもらったのだろう。少年の首のすぐ下でしっかりと十字を成している。

写真集の解説によると、「係員は背中の幼児を下ろし、足元の燃えさかる火の上に乗せた。（中略）炎は勢いよく燃え上がり、立ちつくす少年の顔を赤く染めた。（中略）少年は気を付けの姿勢で、じっと前を見つづけた」とある。

彼は弟を見送ったのだ。

ヒロシマ・ナガサキでは、約二一万人の市民が命を失っている。いやそれだけではない。あれから七四年、被爆者たちは今も、原爆被害の認定を求めて国と争っている。裁判は続いているのだ。

また、あの歌が聞こえてきた。

「つめたい雨が　今日は心に浸みる」

「行かなくちゃ　君に逢いに行かなくちゃ」

私はまた、あの時のように、傍観者でいるのか。歳だけくって何もしないのか。何を叫ぶのか。私が叫ぶのか、貴方が叫ぶのか。テレビは、新聞やネットは、何と伝えるのか。

ある作家が、

「ジャーナリズムとは、報じられたくないことを報じることだ。それ以外のものは広報にすぎない」

という言葉を残している。

メディアには、その責任がある。そして、私たち市民も同じである。

国家に翻弄された民たちの物語

『オン・ザ・ミルキー・ロード』

私は混乱したままでいた。客席が明るくなってきたので、映画が終わったことに気づいた。

両の頬をつたって、何かが膝に落ちる。ズボンのそのあたりが濡れていた。

こんな時、人は立ち上がって、大きく拍手をするものなのか。

力一杯の拍手をこの映画に送りたいのだが、悪目立ちを嫌う日本人だからか、私はそれができないでいた。

しかし、もし私が立ち上がって、両手を何度もたたけば、それができずにいる観客たちも、我が意を得たりと、私に付き合ってくれるかもしれない。

いや、そんなことはどうでもよい。これは私の個人的問題なのだ。

すでに客席の照明は明るくなっている。エンドロールも画面に流れた。

三人、四人と席を立った。

機を逸したのはわかっていたが、私は、やにわに大きく、強く、何度も手をたたいた。

土曜日、夜六時一五分の回は、七割ほどの観客で埋まっていた。

そのうちの三人ほどが、いや、確かに三人だけが、私の拍手に大きく応えた。

私は幸せの壺《つぼ》の中に落ちた。

死ぬほどくだらなくて、せつなく、馬鹿らしい美しい映画のタイトルは『オン・ザ・ミルキー・ロード』。

エミール・クストリッツァ監督の九年ぶりの新作である。

舞台となっているのは戦争が何年も続いている架空の村だ。人々は戦いの中での生活が、もう日常になってしまっているのかもしれない。

主人公の初老に近い男・コスタは、自分と同じくらいの大きさのロバにのって、戦線の兵士たちへミルクを運ぶ仕事をしている。

発砲があっても、コスタは恐れる様子はなく、逃げもしない。自分を狙って撃たれそうな時は塀に隠れるのだが、横にいるロバにもアゴで合図をして、コスタの後ろに隠れさせるのだ。

この映画には、たくさんの動物が出てくる。

コスタのたたくツィンバロムに合わせて左右の羽をかくかくと動かして踊るハヤブサは常にコスタの肩にとまっている。

岩場で遭遇する熊は、コスタの食べているオレンジをねだる。初めは手から食べているのだが、コスタがオレンジを口にくわえると、それを口移しのように食べるのである。

それに何十羽のガチョウ。ガチョウは、エミール・クストリッツァの前作『アンダーグラウンド』(一九九五年)にも『黒猫・白猫』(一九九八年)にも登場している。

『黒猫・白猫』では、泥水（もしくは肥溜《こえだ》め）に頭から突っこんだ主人公が、水をかぶった後、その体を白いガチョウで拭くシーンがある。

なんともクレイジーな映画で、大きな木のあちこちに楽団員が縛られたまま演奏する場面もあった。

『アンダーグラウンド』も馬鹿らしくて、悲しい戦争を笑い飛ばした作品である。完全版は五時間一四分もあるそうだが、私は劇場版（二時間五一分）しか観ていない。

人間を拒否する大きなゼンマイ時計

エミール・クストリッツァは、一九五四年、旧ユーゴスラビアのサラエボ（現在のボスニア・ヘルツェゴビナの首都）出身。父はセルビア人、母はモスレム人だ。

一九九一年にユーゴスラビア紛争が勃発した。セルビア人とクロアチア人が戦い、それに行き場を失った、多くのモスレム人がいた。父や母が生まれ、また自分が生まれた土地で繰り返される戦闘。死者二〇万人。避難民二〇〇万人。冬季五輪の行われたサラエボは瓦礫《がれき》と化した。

当時三〇代であったエミール・クストリッツァは何を感じたのか。

『オン・ザ・ミルキー・ロード』では、多くの人々が死ぬ。村人も兵士も、そしてコスタの友だちも。いやそれだけではない。村はすべて破壊された。

地雷が埋まっていた場所ではたくさんの羊が死んだ。

カメラが引くと、その地を包むおびただしい量の石が画面を覆う。

一五年の月日をかけて、コスタが運んだのである。もう二度とこの地に地雷などを埋めさせないために。

コスタのいるまわりの、ほんの少し（たたみ三畳ほど）の空間がぽっこり残るだけである。

ミルクを運ぶ男、コスタの最後の仕事は、大量の石を運ぶことだけであった。

映画の中には印象的なシーンがある。

ミルク屋に驚くほど大きなゼンマイ時計があり、これが常に狂っている。直そうとしても、長針がくるくるまわり、人が近づけない。直しにかかろうものなら、その大きな歯車に人を巻きこんでしまう。まるで人間を拒否するように。

聞きたくもない声が聞こえてくる

今週は、本を読んだり、映画を観たり、腰の重い私にしてはよく動いた。『オン・ザ・ミルキー・ロード』のほかに、映画をあと二本観た。一つは、偶然BSで放送していた『ブエナ・ビスタ・ソシアル・クラブ』（一九九九年）だ。ブエナ・ビスタ・ソシアル・クラブは、何年か前、来日公演を観にいったことがあった。

このバンドは、散り散りになっていたキューバのバンドのメンバーとアメリカのギタリスト、ライ・クーダーらで結成された。映画はそのドキュメンタリーで、五〇年間、進歩から取り残された国キューバでそのほとんどが収録された。映画の最後は、アメリカのカーネギーホールで終わる。ピアノは当時八〇歳の、ルベーン・ゴンサレス。ボーカルも年老いたイブライム・フェレール。

曲は、ノリの良いたぶんサルサで、イブライム・フェレールのリードに合わせてアドリブのように歌う。

そういえば、その歌は『オン・ザ・ミルキー・ロード』で村の民がみんなで歌う曲にも似ている。クストリッツァの出身・旧ユーゴスラビアのサラエボとキューバ、何千キロも離れている地だ。不思議だ。

もちろん、私は人並みはずれたオンチだから、割り引いて聴いてほしい。

オンチは遺伝なのだ。父が歌うと、飼い犬のペスが吠《ほ》えかかった。

そして、もう一つ。『どついたるねん』の阪本順治監督の『エルネスト』だ。副題に「もう一人のゲバラ」とある。これは、監督が私のやっているラジオ番組に来るので、先にビデオで観させてもらった。

映画は史実にもとづいていて、ボリビアに生まれた日系二世がゲバラとともに、人民解放戦争に突き進んでいく様子が描かれている。

チェ・ゲバラは、一九五九年、実際、日本を訪れていて、広島の平和記念公園で献花している。その際、「安らかに眠って下さい　過ちは繰返しませぬから」と書かれた石碑の文言には「なぜ、主語がないのか」と尋ねたそうだ。

阪本監督は約一カ月のキューバ滞在で、体調を崩した。

ホテル付きのメイドさんが、痩せていく阪本監督を心配して、袋からサンドイッチを出し、大きく一口食べてから監督に差し出した。

少し妙に思ったが、ありがたくいただいた。後にわかるのだが、そのサンドイッチはメイドさんの唯一の昼飯だったのだ。

今のキューバで、庶民の月収は平均で二四〇〇円である。

社会主義で唯一成功した国と言われているが、所得は低い。

病院も学校もタダであるが生活は苦しい。

しかし、町は秩序が保たれ人々は穏やかに暮らしている、と聞く。

このほかに、伊集院静さんの本を三冊読んだ。サントリー創業者、鳥井信治郎のことを書いた新刊『琥珀《こはく》の夢　小説鳥井信治郎』上・下巻と、二〇〇一年、今から一八年前に書かれた『ごろごろ』である。

どちらも感銘を受けた。

本を閉じれば、聞きたくもない声が聞こえてくる。

衆議院が解散して、選挙になった。六〇〇億円もかけてやる必要があるのか、私には疑問である。

勝手に解散しておいて、そのうえ、野党も誰かの一声で分裂した。

一体、誰に入れれば良いのか、誰が真に民の声を聞こうとしているのか。

民たちは、いつの時代もどの国でも、国家の大きな波にさらされ続けているではないか。

トランプ大統領は八月八日、記者団に対して「北朝鮮はこれ以上、米国を脅さない方がいい。世界が見たこともない炎と激怒で対抗する」(『BBC NEWS JAPAN』二〇一七年八月九日)と言い放った。

ことが起きれば、一〇〇万の民が死ぬという。何を考えての発言か。

そこには軍事施設があるだけではない。老人がいて、子どもがいる。学校があり、工場もあるだろう。

長い経済制裁で、食料が不足している。満足な医療も受けられずにいる。

おそらく日本も巻きこまれるだろう。

平然と一〇〇万人死ぬことになるなど、どの口が言うのだ。

私が観た三本の映画は、どれも国家に翻弄された民たちの物語だ。

ボスニア・ヘルツェゴビナの紛争を思わせる背景の中、架空の村でたくましく生きる人々。

キューバは何十年も続くアメリカからの経済制裁で、五〇年前の街がまぼろしのように現存している。

そこから、這《は》い出してきた老人たちが歌っている。

明るく、悲しく、哀愁に満ちて！

年寄りが泣くのはなにも涙もろくなったからではない。若い時には想像することのできなかった、新しい感情を手に入れたからだ。

戦いは常に愚かであり、人々を苦しませる。

みんなわかっているのだが、誰も止めることができない。

国連が作られ、核兵器禁止条約も多くの国が参加しているが、大国はそれを無視する。

民たちは、それを傍観し、仕方がないと胸にしまう。馬鹿な笑いとつまらぬ冗談で時が自分を追い越していく。

微睡《まどろ》みの午後

私はもっと知りたい

私が流行のインフルエンザB型に感染する前、二〇一八年二月四日、日曜日、各紙の一面トップには目を疑うような見出しが躍っていた。

後に、インフルエンザ感染が判明し、一週間、テレビ、ラジオの仕事を休んだ。もちろんインフルエンザと新聞記事に直接の関係はないが、各紙の見出しはそれほど衝撃的であったのだ。

『毎日新聞』「非核攻撃　核で反撃も」「トランプ政権　新小型核開発へ」

『東京新聞』「米『核なき世界』を転換　トランプ政権　新指針　小型兵器開発　使用条件緩和」

『朝日新聞』「米、『核なき世界』放棄　運用拡大へ弾頭小型化」


とあった（『日経』『産経』『読売』は読んでいません）。

私は、膝がカックンと笑い、紙面に目が近づきすぎて、見出しまでが大きくボヤけた。新聞を持ち直した時、思わず真裏の三〇面に目が行く。『東京新聞』の三〇面は今日の運勢がのっている。

四日　うし年
「多欲を凡人と言い欲に身を捨てるを狂人という。欲心を特に慎め」とある。

意味がわからず目を移すと、そこには五日の運勢もあった。新聞は五日が休みなので、その分ものせてくれているのだ。運勢が二日分。ありがたい。

五日　うし年
「安全地帯に居るからと油断するな。勝って兜の緒を締める日」とある。

私は、今日、明日とどう生きれば良いのか。

また、紙面に焦点が合った。

「トランプ米政権は2日、中期的な核政策の指針である『核戦略見直し』（NPR）を発表し、オバマ前政権が目指した『核なき世界』の理想を事実上放棄した。（中略）小型核兵器の開発も明記。冷戦後から米ロが続けてきた核軍縮の流れに逆行する新方針となった」（『朝日新聞』）とある。

要するに、米国の核戦略が変わったのだ。

もちろん、米国が変われば、世界も変わる。

「米国が現在保有する核兵器の多くは強力すぎて」、使い勝手が悪い。ロシアなどからの攻撃に備えて、もっと使い勝手が良い小型核を作り、「潜水艦発射弾道ミサイル（SLBM）用に爆発力を抑えた小型核弾頭の開発を進めるとした」。

使えない核から使える核への道を開いたのだ。

核の小型化、使える核とはどういう意味だ。小型の核を使うと、どんな効果が得られるというのだ。何人が死ぬのか、何を小型というのか、本当に使う気なのか。

オバマ前政権は「あらゆる核実験を禁じる包括的核実験禁止条約の批准も追求すると宣言し、『新たな核兵器の開発を行わない』ともしていた」。

トランプ政権は、この点も転換するとしたのだ。今まで一〇〇〇回以上も核実験を繰り返してきた米国が「将来の核実験再開に含みを残した」とある。

「日本政府は3日、NPRを『高く評価する』との河野太郎外相談話を発表した」（以上、『朝日新聞』）

もちろん、反対の声もあがっている。非政府組織（NGO）「核兵器廃絶国際キャンペーン（ICAN）」のフィン事務局長は、「ツイッターで『トランプ大統領は、核兵器を格納庫から出して戦場で使うことに総力を挙げようとしている』と批判」（『東京新聞』）した。

広島県原爆被害者団体協議会も長崎原爆被災者協議会もその長が発言している。

三紙が一面のトップにあげたこの記事は、その後、追記事があるだろうと思ったのだが、私の予想に反して、尻すぼみになっていった。

使えない核から、使い勝手の良い核へ。

本当に世界はそれでいいと思っているのか。ヨーロッパの反応は、長崎、広島以外の県に住む人々、何より、日本のメディアは。

私はもっと知りたい。

そして、世界はどこへ向かうのか。

世界一二二カ国が賛成、五三カ国が署名（二〇一九年三月現在七〇カ国）した核兵器禁止条約に日本はなぜ署名できないのだろうか。

まだ思うことがある。

唯一の被爆国である日本は、今回のような件が紙面を飾る時、まるで黄門様の印籠のように、広島、長崎の問題だけを言い訳みたいに紙面の下に小さくのせる。それは、広島、長崎だけに矮小化《わいしょうか》するということではないか。

もちろん、被爆者の憤りや怒りはわかりすぎるほどなのだが。

何か手打ちのように感じるのは私だけか。ほかの自治体には何も聞きにいかないのか。

それとも答えてくれないのか。

米国の同盟国は日本だけではない。カナダの政府は、どんな反応をみせたのか。カナダの市民は何を感じたのか。

政府はわかりやすく説明するという。もし、それが届かなければ、一体、誰に尋ねたらいいのか。

新聞は、メディアは、それこそ、政府以上に伝える義務はないのか。メディアも巨大な権力である。市民に伝える義務がある。

でなければ、私たちは船の舵《かじ》さえ失ってしまうのだ。

夢は終わるのか

インフルエンザB型は厄介な病気で、年寄りほど回復が遅い。

タミフルを飲んでも、効果はなかなか上がらず、高熱にうなされ、咳も止まらなかった。

死ぬほど汗をかいて、枕も下着もシーツも濡れ、夜中に震えて起きた。

嫌な夢をみる。私にはそれは夢だとわかっているのだが、なぜか起きるわけにはいかないのだ。

夢の中で、私はその日暮らしの若者であった。左のポケットにある小銭をしっかり握りしめ、誰かに、銭の音を気づかれぬよう、地下への階段を下りた。

「そりゃ、泊めてやってもいいけどヨ！　お前、金持ってるの」

高校時代の親友と思っていた男、飯島が話しかけてきた。私は首を横に振る。

飯島は不満そうであったが、私に階段下の、天井が斜めにえぐられた部屋と粗末な布団を用意してくれ、階段を上っていった。首筋に刺青《いれずみ》がみえた。

しかし、いくらなんでも、この夢はひどい。

音が漏れないように、八六〇円をポケットの中でしっかり握っている。コンビニで二食ぐらいは食いつなげると思っているのだ。

だから、後で訪れてきた飯島の弟にも、銭などないと言い張るのだ。

男は何のために生きようとしているのか、いつも嘘《うそ》ばかりついて、人を盗みみるような嫌な顔になってしまったのか。

夢の中の私が哀れでならなかった。

夢は終わるのか。

もうすべてが混沌《こんとん》として、あるはずのない沼の中に沈みこんでいく。

二日たって、熱が少し下がった。午後の陽が部屋中に届く。体重を量ったら、何をやっても落ちなかった腹の肉が消えて三キロも減っていた。

妻の用意してくれた遅い朝ごはん。卵焼き、焼きのり、梅干しに、佃煮《つくだに》の昆布。それにおかゆ。もう十分である。

いつまでテレビやラジオの仕事が続くのかなあと思いながら、それらに箸を運ぶ。

陽の入る窓の近くに椅子を持ち出して、毛布にくるまった。

ウトウトする。眠るのではない。微睡むのである。


葉山の国道134号線、海沿いの国道を右に折れ山側の道を上る。左手の山に沿って岩が削られたような場所にカフェがみえてきた。

白いペンキで塗られたデッキがある。三、四人は座れそうだ。老人が気持ち良さそうに外国のビールを飲んでいる。

「ジャック」

死んでしまいそうなほどつまらない木彫りの看板が釘《くぎ》で打ちつけてある。

建てつけの悪いドアをガタピシと開ける。ドアについた鈴がさびているのか、音が悪い。

中は、目が慣れるまで、うす暗くて少し気味が悪い。

それでも、私は窓側の古ぼけたテーブルを見つけ、年寄りらしく、ゆっくりと腰をおろす。

外国のビールを飲んでいる老人越しに、遠くに海がみえる。

私は、何度もそこの場所を訪れているのだが、まだ実際に行ったことはない。

微睡んでいるから仕方ないのだ。

カウンターの奥から、線の細い女性がコーヒーを運んできてくれた。

私の好みはわかっているみたいだ。熱くて苦くて美味《おい》しい。

とても懐かしい。まだ来たことのない場所。

カウンターでは、背中がこんもりした老人がウイスキーグラスを手で転がしながら、何か歌っている。

強く信じるんだ

人は不思議な生き物である。熱にうなされ自分の夢からも抜け出せなかった年寄りが、今ではもう斜めに差しこむ冬の陽光の中で、微睡んでいる。

しかし、その人（私）の心の中は、脳の動きは、いくら近くに立っても誰にもわからない。

老人が歌っている。

小さな窓から空見れば
あの星あたりが女《すけ》の家《やさ》
スケちゃん今頃何してる
きっと俺らの夢見てる

生前、西部邁《すすむ》さんが、私のラジオに出演された時に、急に歌い出した「練鑑《ねりかん》ブルース」。西部さんのアレンジが、入っていたかもしれない。

私は、その老人に名前を呼ばれた。

「僕さあ、あんなこと言っちゃったけど、やっぱ違うんだなあ。言論は信ずるに値するものだ。強く信じるんだ」

カラカラと明るく笑って、建てつけの悪いドアを開け、海辺のほうに下っていった。

私の聞き違いかもしれなかった。

しかし、私にはそう聞こえた。

〈国家に翻弄された民たちの物語〉直筆原稿（初稿）

No1　no1

私は混乱したままでいた。客席が明るくなって
きたので、映画が終ったことに気づいた。
両の頬をつたって、何かがヒザに落ちる。その
あたりのズボンが濡れていた。
こんな時、人は立ち上がって、大きく拍
手をするものなのか、
かつ稼の相手を、この映画に送
りたいのだが、悪めだちを嫌う日本人だからか。
私は、それが出来ないでいた。しかし、もし
私が立ちあがって、両手を何度も合わせれ

ば、ろ山が世界一づいている。この山の我が同胞たちを

観客たちも、我が意を得たりと、私のそれ

に頷き合ってくれるかもしれない。

いや、そんな事は、どうでもよい。これは私

の個人的な問題なのだ。

私は、立ち上がって、

すでに、客席のランプは明るくなっている。

最後のテロップが画面上方に流れさった

三人 四人と席を立って、その中の一人が

私の横を通って出口の方に向かっていた

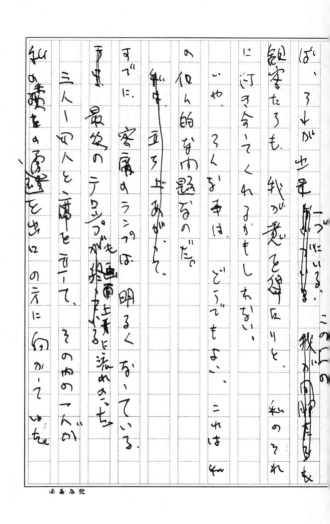

私は、気を挽していたが、それでも、やにわに大きく、強く、何度も手をたたいた。甲子園は、夜六時十五分の時点で七割程の観客で埋まっていた。その内の三人ほどが、いや、確かに三人だけが、私の拍手に、大きく答えた。私は幸せのつぼの中に落ちた。いつも映画は一人分の反応が、この日は違った、って、偶要（今のって使う）も一滴で、「馬鹿本」と笑った。

私は「馬鹿ですけど何か」と答えた。

眼鏡をかけたメガネが付いていた。

死ぬほどグダぐくて、せつなく、馬鹿らしい！美しいこの映画のタイトルは「オン・ザ・ミルキー・ロード」エミール・クストリッツァの九年ぶりの新作である

まだ観ている人もいるであろうか。あらすじを
書くことは出来ない。
ある震災におどろくほど大きい不つり合いな
ゼンマイじかけの時計があり、これが常に
狂っている。直そうとしても長針がくるく
回り、針が人を近づけない。時計は、自ら
しにかかろうものなら、その大きな歯車に人を
巻きこんでしまう。まるで時を
行つ車と西を下るがらーに、
タタくの。このまは何年と内戦が続いている。

人々は戦いの中の生活が、もう日常
になってしまっているのかもしれない。
祖先に近い男、コスタは、自分と同じ位い
の大きさのロバに乗って、家々のミルクを
運ぶのを仕事にしている。
致き運搬がであろう。発[illegible]を受けても
殺されるようすも、気にする事もしなく、
[illegible]はけもしない。しかし、自分と本当にやばい時は
堀にかくれるのだが、横にいるロバを向けて、アン
で構図すると。ロバもコスタの後ろにかくれるよ
のだ、

満寿屋製

〈国家に翻弄された民たちの物語〉直筆原稿（初稿）

No.4

この映画には、本当によく動物が出てくる。

「コスタのモッキンに合わせて片をかく」とゆする。踊る隼《ハヤブサ》。常にコスタの肩《かた》にとまっている。

音楽でりうりうする。熊《くま》は、コスタの食でているミカンをねだる。始めは手から食でているのだが、コスタがミカンを口にくわえると、それを口移しのように食でてるのである。

それにアヒル。何十羽のアヒル達は、エミール・クストリッツァの名作「アンダーグラウンド」他にも「白鵞」にも出演している。

「白猫、黒猫」では、どろ水（もしくは肥溜め）に頭からつっこんだ主人公が、水をかぶったあと、その体を白いアヒルでふくのであった、「黒猫、白猫」はこれもたくさんの動物が登場する。クレイジーな映画で画面は、これでもかっという位い、情熱があふれている。一九九九年に作られた。「アンダーグラウンド」は、それより一九九五年の映画である。

二本も馬鹿らしくて楽しい戦争を笑い飛ばした作品である。

満寿屋製

NO 5

・完全版は五時間十四分もあるそうだが、

私は、劇場公開された通常版（二時間二十三分）しか観ていない。

エミール・クストリッツァは、一九五四年、私より五年若い。旧ユーゴスラビアのサラエボ（現ボスニア・ヘルツェゴビナ領）出身。父はセルビア人、母はモスレム人。

一九九一年にユーゴスラビア紛争が勃発した後、セルビア人とクロアチア人戦い、それに行き場を失った、多くのモスリムの人々がいた。父母、そ、生まれた土地での繰り返えされる戦闘。死者二〇万人。避難民二〇〇万。オリンピックの行なわれた地、サラエボはガれきと化した。

三十代であったエミール・クストリッツァは~~どこに行ったのか~~。何を食ドたのか。

物語りの最後。多くの人々が死んだ。知人も、兵士も、そして彼の友達、いや、それだけではない。都ははかいされ、動物たちも死んでいった。

~~1991~~ 1949 41

No. 6

かつて、地震の揺すっていた場所。たくさんの羊たちが死んだ場所は、石でうめつくされようとしている。

十五年の月日をかけて、コスタが運んだのである。

もう二度、この地に地震などを埋めさせない為の、おびただしい石である。

カとうが引けば引くほどに、この地をお大量の石が、ヤネクの居る場所のほんのわきをのずけて、画面をおおう。

もう、コスタの唐子回り、ほんの少しの空間だけがポッコリ残るだけである。

牛乳のミルクを運ぶ男。コスタの最後の仕事は、牛乳、大量の石を運ぶだけであった。

私は泣いたわけではない。眼のあたりから自鼻水のような液がにじみ出ただけである。

顔から落ちた汗が涙だったのか

しかし、今週は、本を読んだり映画を観たり、不眠症の重い私にしては遊ばず よく動いた。

あった。

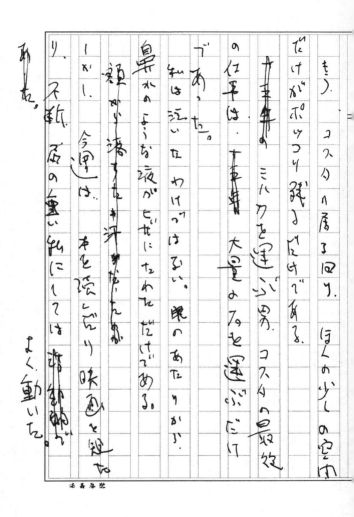

NO7

映画は、他に偶然、横浜でやっていた「ブエノ・ビスタ・ソシアル・クラブ」（一九九九年）何年か前、彼等の来日公演を観に行った事があった。一度。ちりぢりになった、キューバのバンドのメンバーとアメリカのギタリスト、ライ・クーダーらで結成されたバンドである。映画はそのドキュメンタリイで、五十年前ほぼ時が取り残された町、キューバで、そのほとんどが収録された。そして最終は、アメリカのカーネギーホールで終わる。ハナオたおった。ルペン・ゴンザレス。

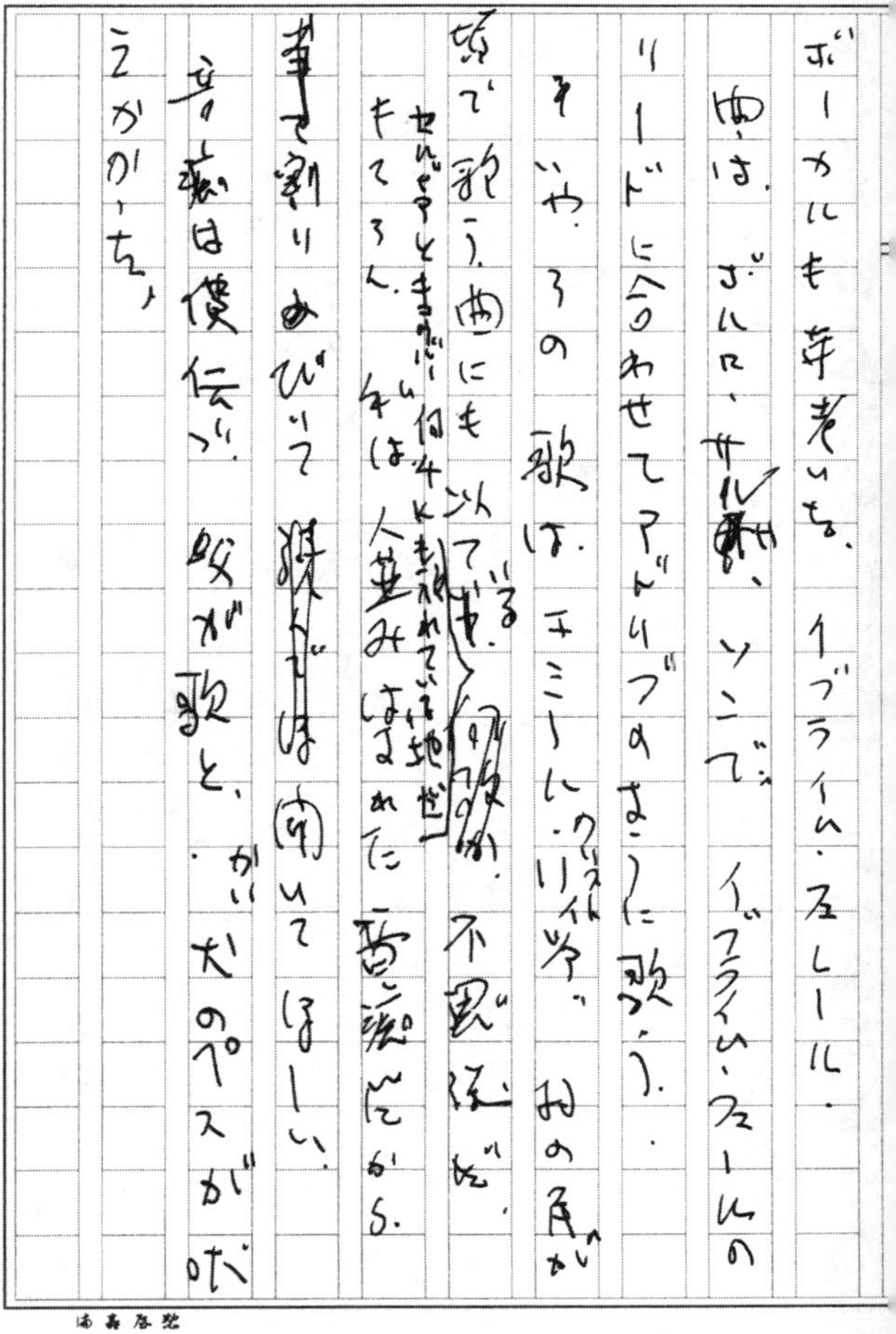
ボーカルも年老いた。イブライム・フェレール・
曲は、ボレロ、サルサ、ソンで、イブライム・フェールの
リードに合わせてアドリブのように歌う。
そいやろの歌は、チミール・クリスチャン、田舎の民が
頃で歌う。曲にも沁みている。何故か。不思議だ。
セルジャアとまだ何千Kも離れている地だ
もてろん。私は人並みはずれた音痴だから。
華で割りめびりて耕んでは聞いてほしい。
音痴は僕伝い。蚊が歌と。犬のペスが吠え
ことがった。

〈国家に翻弄された民たちの物語〉直筆原稿（初稿）

208

そして、もう一つ、「どついたるねん」の坂本順治監督の副題「もう一人のゲバラ」とついた。「エルネスト」だ。

これは、監督が私のやってるラジオのゲストに来るので先にビデオで観させてもらった。

映画は事実にもとづいていて、ボリビアに生まれた日系二世が、ゲバラとともに戦い、人民解放戦争につき進んでゆく。

~~主演のオダギリジョーが渋い。~~

去年、ゲバラは、一九五九年、実際、日本を訪れていて、広島の平和記念公園で献花している、その際、この石碑の文言には、「何故王様がないのか」とたずねたそうだ。

坂本監督は、約一ヶ月めキューバのたいざいで!!体重をくずしたそうだ。

ホテル付きのメイドさんが、やせていく坂本監督を心配して、妻が、サンドイッチを出し、大きく一口食べてから坂本監督に差し出した。

少し妙に思ったが、ありがたく、頂いたそうだ。

これは後にわかるのだが、そのサンドイッチはメイドさんの唯一の昼食だったのだ。

満寿屋製

No9.

この他に、伊集院静さんの本を三冊読んでいた。サントリィ創業者、鳥井信治郎のことを書いた新刊「琥珀の夢」上、下巻と、二〇一年、今から十六年前に書かれた「ごろごろ」である。どちらも感銘をうけた。しかし、紙面の都合により、これは次回にしよう、

本を閉じれば聞きたくもない声が聞こえて来る、

衆議員が解散して、選挙になった。

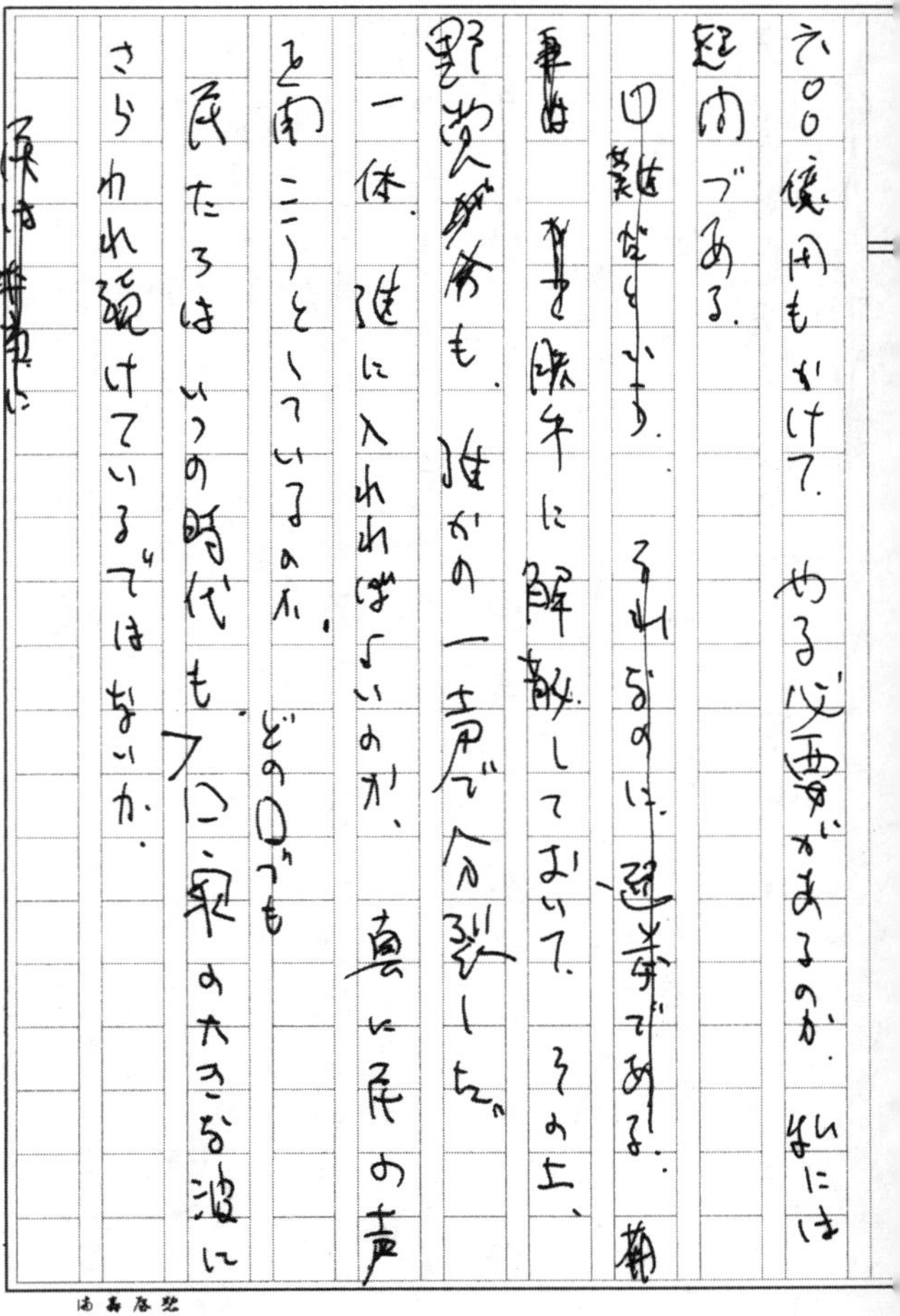
六〇〇億円もかけて。やる必要があるのか。私には
疑問である。
困難なものより。それなのに。迷案である。
勝手に解散しておいて。その上、
野党の人材も。誰かの一声で分裂した。
一体。誰に入れればよいのか、真に民の声
を聞こうとしているのか。
民たちはいつの時代もどの国でも国家の大きな波に
さらわれ続けているではないか。
民は無力に

〈国家に翻弄された民たちの物語〉直筆原稿（初稿）

2010

トランプ大統領は記者団に対して「米国を脅さない方がいい。世界が見たこともない炎と激怒で対抗する」と言い放った。

ことが起れば、数百万の民が死ぬという。

何を考えての発言か。

もそこには、軍事施設があるだけではない。老人がいて、子供がいる。

長い経済制裁で、食料が不足している

満足な医療も受けられずにいる。

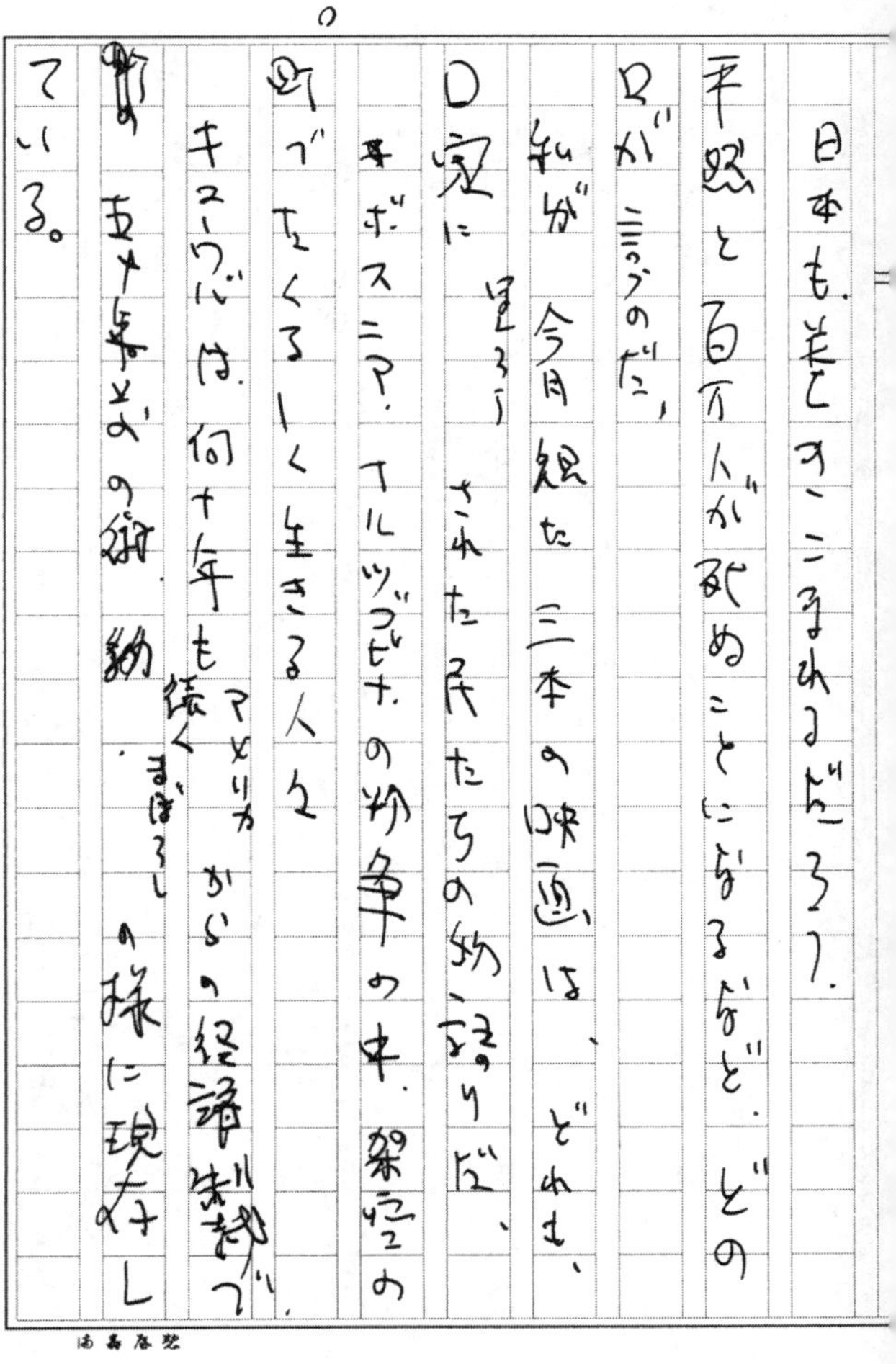
日本も巻きこまれるだろう。干ばつと百万人が死ぬことになるなど、どの国が言うのだ、
私が今月観た三本の映画は、どれも、国家にほんろうされた民たちの物語だ、
ボスニア・ヘルツェゴビナの紛争の中、架空の国で生きる人々
キューバは、何十年も続くアメリカからの経済制裁で、国の五十年以前の紛争、まぼろしの様に現存している。

〈国家に翻弄された民たちの物語〉直筆原稿（初稿）

NO 11

そこから、這い出して来た老人たちが、歌っている。

明るく、悲しく、哀愁に満ちて…。

年寄りが泣くのは、何も涙もろくなったからではない。想像することの出来なかった、若い時には、感じられなかった、人々の生活か。

新しい感情を手に入れたからだ。

戦いは、非常におろかであり、人々を苦しませる。

皆、わかっているのだが、今まで、憎しみのよびが抱き止める手が出来ない。
国連が作られ、核兵器禁止条約も
多くの国が参加しているが、大国がそれを
する。
民たちは、それを傍《ぼう》観し、しかたがないと胸
にしまう。バカらしいとつまらぬ冗談。日が移りゆく、
季節を、静かに楽しむ。

（後三行ほど書きます）

第四章　弱者は弱者のまま終わらない

恥ずかしい過去のそれぞれ

何がしたくて生まれたのか

梅の花がハラホロヒレハレと散って、地べたに何かを描こうとしたが、それを風が運んで、溝に小さな川ができた。

昼の帯番組のラジオが始まって、あっという間に一二年が過ぎた。もう七〇歳になった。いやはやである。

お話をいただいた時には、まあやっても二〜三年かなと思っていたのだが、今日まで続いてしまった。

いまだに、己の所在さえつかめぬ私が一体何をしゃべってきたのか。

ある時は、分をわきまえず「俺がラジオだ」とまで叫んだ男である。まったく、恥ずかしいったらありゃしない。


ゲストの話もロクに聞かないし、自らの話は、始まった当初よりずっとまとまりがない。時間通り終われず、尻切れトンボで終了の午後三時三〇分になったりする。

坂道や階段でつまずくならまだしも、平らな道さえ、うまく歩けない。辻《つじ》に来れば、かならず肩をぶつける。

「君は、ラジオを聴いている人の身になったことがあるのか?」

と誰かの声が聞こえたが、空耳だったかもしれない。

先日、作家の大沢在昌さんとご一緒する機会があり、「あること、ないことしゃべってきた」と話したら、「私もそうだ、気にするな」と慰めてくれた。良い人である。

さすが四〇年も物書きをやってきた人の言葉には、説得力がある。

丸々信じてしまいそうになった。

しかし、この場所は、今から五〇年以上前、高校生だった私が憧れていた場所でもあるのだ。

当時は、ラジオ深夜放送の全盛期であり、多くの高校生（受験生）が夜中のラジオにかじりついていた。

私もその一人で、野沢那智と白石冬美の放送をよく聴いた。

「赤白ピンク」というラジオネームの投稿者がいて、彼の葉書がよく読まれていたのを、今でも覚えている。

私も何度か投稿して、ドキドキしながら聴いていたが、読まれることは一度もなかった。

いつか、私もラジオのディスクジョッキーになりたいと大胆な夢を描いた。

しかし、ロクに勉強もせず怠けていた私が大学に受かるはずもない。大学に落ちて、浪人生活に入るのだが、親にもらった代ゼミ（予備校）の入学金をちょろまかしてから行き場を失った。

そして、私は街のチンピラになった。

駅前の雀荘に入り浸り、パチンコに明け暮れ、たまにバイトもした。工事現場の日雇い、六本木のクラブのボーイ、西銀座のスナックでは一度使ったミネラルウォーターの瓶に水道の水をジャジャと注いで、元通りにうまく栓をした。新橋のクラブのママは、石原裕次郎気どりでピアノの弾き語りがうまい髭《ひげ》の濃い客に全部を貢いでいた。

若い私が飛びこんだ社会は、ダメな大人たちの溜まり場のようなところだった。もちろん私はそれに輪をかけた馬鹿でもあった。

その日暮らし、一体、何がしたくて生まれてきたのか。

一七歳で亡くなったK

街の女たちとも、すぐに仲良くなれた。いや、若くて何者でもない私は、彼女たちにとって、都合の良い遊び相手ではなかったかと今にして思う。

女たちは、就職が決まったとか、ちゃんと結婚することになったとか言って、みんな、離れていった。一八のチンピラとまともに付き合う女はいなかった。ただそれだけの話だ。社会に貢献する気も、生きるに値する価値も見出《みいだ》せなかった。

そして、もう一つ小さな理由があった。

わずか一七歳で亡くなった同級生Kのことだ。

高三の冬、受験をひかえた私に一枚のクリスマスカードが届いた。そして、年が明けた一月二五日に、カードの送り主のKは、あっけなく死んでしまった。

私は、その少し前、友人たちと東大病院に入院していたKを見舞った。

友だち以上の仲ではなかった。三年C組の私の一つ斜め前に座っていたのがKだった。

私は、ノートや教科書、エンピツまでもよくKに借りた。Kはとても静かで、当時にはめずらしい黒縁のメガネが似合う子だった。

人は簡単に死んでしまう。

私は葬儀の席で、人目もはばからず、大声で泣いた。泣きながら西武線の線路沿いを駅まで歩いた。人に奇異の目でみられた。

身近な同級生が、この世から消えてしまった。明日から、もう朝の挨拶も、気軽な冗談も言えない。下校の時、その後ろ姿を追うことだってできはしない。

こんな理不尽なことが起こって良いのか、私も、たぶん、何かで簡単に死ぬのだろう。早く死ねば、早くKに会える。

おっと、話が濡れてしまった。その後にいろいろな事情があって、私はこの業界の近くをウロウロしていた。

今の私に語りかけてくる

初めは、ドサ回りのコメディアンであった。気楽で良かった。しばらく肝臓病を患って入院していた、コメディアンの山本修平（これが私の本当の師匠）さんが回復して、相方を探していた時に、先輩に紹介されたのが縁で、地方のキャバレーまわりの相方をすることになった。

ネタは「斬られの与三郎」「貫一とお宮」とか一〇本くらいあったが、最後の落ちはみんな同じだった。

着物とカツラをまとった師匠が女形で曲とともに舞台に登場し一踊り、後から出た私が着流しなんかで師匠に文句をつける。その間に女形の師匠は、ホステスを蹴散らし、客のビールなどを勝手に飲んで笑いをとる。

私に匕首《あいくち》で胸を刺されると、着物の合わせ目から布地の血が出て、その先に万国旗がつながって出てくる。

最後はブラジャーとパンティになってコントが終わる。

北海道、東北、関東。当時はキャバレーが全盛期で、テレビに少し出て顔を売って、地方で稼ぐ、それが芸人の王道であった。

サムライ日本、ミュージカルぼーいず、てんぷくトリオにコント・ラッキー7。

土地それぞれのホステスさんたちに書生さんと言われて、可愛《かわい》がってもらった。北海道では、一〇八センチのバストの女に乳の間に顔を埋められ息ができなかった。死ぬほど楽しかった。

そしてラジオが始まった。一〇代の頃、私が夢にみた、ディスクジョッキーである。今は呼び名も変わってＭＣとか言ったりするらしいが、違う、ディスクジョッキーである。

振り返れば、チンピラからドサ回りのコメディアン、その後、新劇の養成所に入り、アングラ劇団を立ち上げ、食うや食わずでコントグループ（シティボーイズは今も解散していない）を作る。ピンでテレビに出るようになってからは、コメンテーターと呼ばれたりもする。

本当に勘弁してください。

高校時代の同級生は、私が役者になったと驚き、役者仲間は、あの大竹がコメディアンになるとは誰も想像していなかった。

それが五七歳を過ぎてラジオのパーソナリティ（ディスクジョッキー）になった。

一番驚いているのは、誰あろう、この私である。


そして、お世話になった人々が、今の私に語りかけてくる。

私は、それを音声にのせてみんなと共有しているだけである。

子ども時代の小心な私、イジメっ子、かばって助けてくれた修ちゃん。

ヘタな絵を褒めてくれた先生、柿泥棒の友だち、駅前の喫茶店でいつもモーニングセット（トースト食べ放題）をおごってくれた雀荘のマスター。小遣いをくれたヤクザ。一緒に逃げた雅昭、小田原の女、二〇歳から二年半、一緒に住んだ風間杜夫。恥ずかしい過去のそれぞれは、立派な笑い話になって、電波にのったりもする。過去の私が、今の私を笑っている。

「K、聴いてるか、ハラホロヒレハレと梅が散った。俺がラジオだ」

カラスが鳴いたら

すべてを平気でゆだねられる女

「死のうか」

「あー、何」

「だから死のうかって」

「ふーん」

「私と死んでくれる?」

「あーいいよ」

「本当、いつ」

「うん、今日はちょっとなあ」

「いつ」

「明日……いや」

「……」

「来週ぐらいかな」

「ウソつき」

「……」

「いいわヨ、もう、ほかの人に頼むから」

「ほかに？」

「秘密ヨ」

「誰だヨ」

私は女の首に手をまわした。少しずつ、指に力をこめた。

女は一瞬、「え!」と驚いたが、すぐに私をみる女の瞳が強くなった。

私は怯《ひる》んだが、それを見透かされるのがなぜか癪《しゃく》にさわり、両手の力をさっきよりも強くした。

女は観念したように、目を閉じた。身を私にまかせた。肩や腕からも力が抜けていくのがわかった。

私にはもう手立てがない。負けを認めて、指の力を抜いて、喉のあたりを撫《な》でた。

本当はとても怖かった。

一人の人間の命が私の手の中にあったこと、戯れとはいえ、すべてを平気でゆだねられる女も。

やっぱり死んじゃいけないんだ

死がとても魅力的に思える時がある。

特に、若い人は自分の居場所が狭く、そのうえ、そこでしか生きていけないと思っているのだから、なおさらだろう。

二〇一七年一〇月、神奈川県座間市のアパートで九人の遺体が見つかった事件では、SNSで自殺願望を漏らした女性たちが巻きこまれた。

事件の被害者は、一〇～二〇代の若者だった。

教育評論家の尾木直樹さんは、自殺願望は「思春期の特性というべきもので、自己嫌悪、自身の人格への疑い、生まれたことに対する疑問、将来への不安は多かれ少なかれ、誰もが抱く」と、『毎日新聞』(二〇一七年一一月一二日)に答えている。

もちろん、分析すれば、その通りなのかもしれないが、当事者一人ひとりに、それはわからない。

自分がどんな精神状態にあるのか、渦中にいる人には判断ができない。

私が担当しているラジオ番組の月曜から金曜のレギュラー陣の中に、はるな愛とタブレット純がいる。

二人とも、「変わった形の石(LGBT)」である。一体どんな青春時代を送っていたのだろう。二人の了解を得て、生放送で聞いた。

はるな愛は、高校時代、まだ普通の男子を装っていた。それでもまわりの生徒は、敏感に感じとったのだろう。長くイジメにあっていたと話す。

大阪の片側四車線の広い幹線道路にかかる歩道橋に立ち、いつ死のうか迷っていた。次のあの白いトラックが来たら、飛びこもうとも思ったらしい。

父親も当時は飲んだくれ、家は荒れていたと目を赤くして話した。

それでも、父親を含めた家族のことを考えて、思いとどまったという。

そのうえ、まだはるな愛は男子であった。どうせ死ぬなら、一度、とても可愛い女の子になってからでも遅くないと考えていたらしい。

絶対、可愛い女性になりたかった。それまでは死ねないと話した。

タブレット純は、いつも自分は生きていても仕方がない人間だと思っていたらしい。はるな愛と同じく、みんなにイジメられていた。

小学生の頃から、自分が人と違うことに気づいていたが、やはり誰にも話せなかったという。

そして、芸能界に入り、ムード歌謡のプリンスとして売れ出すのだが、ステージにシラフで立てず、いつも酒をずいぶん飲んでから、人前に立って歌っていたと答えた。歌は続けていたが、ある時、その流れでお笑いのステージに立った。

みんなに笑ってもらった時、初めて、生きていていいのかもしれないと感じたという。

中学生の時、純は、テレビ番組で暴れていた私をみて、こんな人でも生きていると思ったらしい。

名誉なのか、不名誉なのか。

誰もが危険な溝をギリギリ渡り、今日を生きている。

二人は、あの時に死ななくて良かったとも語った。生きていなければ、何も語れないし、今の活躍はない。

やっぱり死んじゃいけないんだ。

心配してくれる親にも、自分の気持ちは伝えづらい。学校の先生に話しても、果たして本当にわかってもらえるのだろうか。友人にも話せない。

「SNSは、自分と同じ気持ちを抱く仲間を見つけ、素直な気持ちを吐露して楽になることもできる。(中略) ただし、知らない人に会わないという原則は大切にすべきだ」と、前出の尾木直樹さんは語っている。

尾木さんはＬＧＢＴではないが、世間で尾木ママと呼ばれるようになり、本人もおネエ言葉で話すことが普通に受け入れられ、ずいぶんと楽になったそうだ。

しかし、自殺願望のある人がその気持ちを唯一伝えることのできるＳＮＳを規制しようという話が出ている。窓口をなくせば問題が解決するのか、私は疑問だ。

『毎日新聞』（二〇一七年一一月一二日）によれば、「自殺予防のために悩みを聞く全国の『いのちの電話』に相談が殺到し、対応が追いつかない状況が続いている」という。

全国の相談件数は東日本大震災後の二〇一二年に約七六万件、そして二〇一六年は約六八万件であったと記している。「電話をかけたがつながらなかった人がむしろ増えた可能性がある。（中略）かかった電話の３～４％しか出られなかったというデータもある」という。

女は裸足だった

私は二七歳だった。いや違うか。もう覚えていない。

中野坂上から新宿に青梅街道を一〇分ほど歩いた神田川べりの風呂もトイレもない四畳半のアパートに暮らしていた。暮らしていたといっても、そこは女の部屋で、私は転がりこんだだけだ。

その日はとても暑かった。扇風機はあったのだろうか。もう思い出せない。

役者を目差していただけで、仕事はなかった。

女は劇団に入りながら、銀座のクラブで働いていた。

前夜、女は酒に酔い、客にタクシーで送られ、アパートの脇の風呂屋の前で降りた。降り際、客の首にしがみついて、キスでもしたのか。

私は電柱の陰から、それをみて、愛ではない嫉妬を振りまわした。

そのくせ、女の稼いだ金をあてにもしていたのだ。

窓を開ければ、目の前には神田川がチョロチョロと勢いをなくして流れていた。まるで南こうせつが歌う「神田川」だ。

相変わらず役者の仕事もない私は部屋の熱気も手伝って、ひどくいらついていた。夜に仕事をする女は、昼間やることがなかった。

タバコをねだって、女が近づいてきて、うっとうしかった。私は女を突き飛ばした。はずみで安物のカラータンスに背中をぶつけた女がくの字に曲がって、私をにらみつけた。

いつもなら、取っ組み合いになったりするのだが、その日は違った。投げ出した足を胸に引き寄せ、悲しく私をみた。

「もう死んじゃおうか」

「何！　何だよ」

「もう死んじゃおうヨ」

「あーいいネ、いいネ」

「……」

私は安物のカラータンスからガムテープを取り出して、テープをビリビリと切って立てつけの悪い窓枠に目張りをし、ガス栓をひねった。

シューシューとガスの漏れる音だけが狭い四畳半に響き、二人の耳に聞こえた。

何分か過ぎた。女はガスの栓を閉めにいかなかった。ひねった手前、私もそれができない。

シューシューとガスの音が聞こえる。私はタバコを吸いたくなって、一本くわえて、マッチを取った。

「爆発するわヨ!!」

女の乾いた声が遠くで聞こえた。

何を思ったのか、その時、私は部屋に女を残し、ドアをしっかり閉めて、外の細い道路に出た。

なぜ女を残し、私は部屋を飛び出したのか、今でも、その時の行動が理解できない。とにかく、私は女を残し、ドアまでしっかり閉めて、外に出たのだ。

細い路地は、陽がカンカンに照って、道路の照り返しもあり、異常に暑かったのを覚えている。

神田川の悪臭が鼻をついた。

それでも、私はタバコに火をつけ、あと五分し、女が出てこなかったら、部屋に戻ろうかと計算をしていた。

タバコを二服はしたか、一分もたたぬうちに、女が部屋から飛び出してきた。

「あんた、殺す気」

と大声でどなって、私の胸にしがみついてきた。

女を可愛いと思った。

いつまでも、しがみついて離れないので、暑いヨと言ったら、女は地べたが熱くて、足をつけていられないと答えた。女は裸足だった。

女が愛おしくなった。


結局、何を書いているのかわからなくなった。

若い人たちが、狭く、小さな世界にいて、そこで必死にあがいている。生きようとしている。

私は何もできない。立派な言葉も持ちあわせていない。

なんとか笑いをタネに食いつないでいるだけである。でも、先刻のラジオに何通もメールが届いた。みんな、若い人たちを心配する心温まるものである。もちろん自分の境遇を伝える人もいた。

Aさんは病気療養中で、かなり前から仕事を休んでいる。死んでしまいたくなって、最後に神様に尋ねたそうだ。

「神様、私はどうしたら良いのでしょう」

その時、それに答えるようにベランダの外から、カラスが「カアーカアーカアー」と鳴いた。その間の抜けた声に死ぬのをやめたと書いてきた。

カラスが鳴いたら、何事も一端中止すべきである。

官僚たちの矜持《きょうじ》

どこで歯車が狂ってしまったのか

佐川宣寿《のぶひさ》・前国税庁長官はその時何を思ったのだろうか。

二〇一八年三月一四日『朝日新聞』の夕刊には一面トップに「佐川氏を国会招致へ」の文字が躍っている。それより少し小さく「公文書改ざん　自公容認で合意」とある。

たぶん彼は、どこかでこの夕刊をみている。「自公容認で合意」。穴のあくほどみても、文字の意味が伝わってこないのではなかろうか。

新聞にはこうある。

「与党側はこれまで佐川氏の国会招致に否定的だった。だが、改ざん問題をめぐる安倍政権への批判が厳しさを増す中、(中略)容認姿勢に転じた」

彼は、何をしたのか。

森友問題は、国政選挙をまたいで、一時期停滞していたが、三月二日の『朝日新聞』の報道から再燃した。

新しく出てきた公文書により、今まで財務省が出していた公文書は改ざんされていたことがわかったからだ。

佐川氏は、森友の件で近畿財務局との交渉の過程や記録の有無について、政府参考人として、国会で答弁していた。

「国有地は時価で売るのが基本で、適正な価格で売っている」(『毎日新聞』二〇一七年二月一八日)

佐川氏は、理財局長から二〇一七年の七月に国税庁長官に就任していたが、二〇一八年の三月に辞任している。わずか八カ月の任期であった。

彼の答弁に大きな疑念が生まれた。辞任会見の映像をみた。何か手にメモのようなものを持っている。

記者のどの質問にも誠実に受け答えしているようにみえた。質問に答えた後、深く大きく息を吐く。目が誰かの助けを求めるように宙をさまよう。

「コメントを差し控えさせていただきたい」と何回か答えた。

公務員だからいつも一生懸命、職責を果たしてきた、と答えた瞬間、記者からの厳しい質問が飛んだ。

それは、国民に対してなのか、それとも政権に対してなのか。

「国家公務員ですので、国民に対して一生懸命やってきたと思っております」

佐川氏は間を置かず、即座に答えた。自信に満ちた声のように聞こえた。しかし、二度ほど大きなまばたきをした。

私には、まばたきではなく、目を閉じてしまったようにみえた。

いつまでこの会見は続くのだろうか。

それでも佐川氏は与えられた責務を果たそうと、マイクに向き直った。

私はすぐに次の質問があって良かったと思った。でなければ、佐川氏はその場に崩れ落ちてしまったのではないか。

次の記者の質問がぎりぎり彼を立ち直らせた。

わずか二一分間の会見であったが、佐川氏には永遠に続くように思えたかもしれない。

この会見後も、森友問題は大きな展開をみせ、新たな事実がいくつも浮かび上がった。会計検査院さえも、二つの文書を手に入れながら、改ざんを見抜けなかったと陳謝した。

衆議院議員の小沢一郎氏（自由党代表・当時）が記者会見で答えている。

「最高権力のところから指示が直接的であれ間接的であれ出ていなければ、財務省の役人がいくら落ちぶれたとはいえね、こんなばかげたことしませんよ。役人でこんなことできる度胸のあるのいないよ。こりゃもう上から言われたからしょうがない」（『朝日新聞デジタル』二〇一八年三月一三日）

元・自民党の幹事長、一時は政権の中枢にいて、時の総理大臣よりも権力を握っていたと言われた男の発言である。

野党だけではない。批判は与党からも起こっている。

自民党の村上誠一郎・元行革相の発言である。

「(森友学園との国有地取引に関する決裁文書の改ざんについて)(中略)こんなことが起これば、国会は国民のためにまともな議論ができない。まともな材料が出てこないからできないわけで、政府の責任は非常に重い」(『朝日新聞デジタル』二〇一八年三月一三日)

この後もっと厳しい言葉が続く。

自民党の注目株、小泉進次郎氏もインタビューに答えている。

「これから、自民党自身もなぜこうなったのか重く受け止め、行政だけでなく、政治がどう向き合うかがすごく問われている、政治にしかできないことがある。自民党は、官僚だけに責任を押しつける政党ではない。その姿を見せる必要があるのではないか」(『日刊スポーツデジタル版』二〇一八年三月一二日)

私は決して、佐川氏の肩を持つ者ではない。いずれ、事実があきらかになる。

ただ、ここまで書いてきた通り、そして小沢一郎氏のおっしゃるように「こりゃもう上から言われたからしょうがない」と、役人がその職務をまっとうしたのではないかと思えてならない。

二浪して東大に入り、大蔵省（現・財務省）に入省し、国税庁長官にまで上り詰めて、国民の確定申告の時期である三月に辞任した。

どこで歯車が狂ってしまったのか。

これはマタ聞きではあるが、東大から官僚を目差した男女たちがまず最初にやらされることは、丹念に新聞を読むことだそうだ。一年近くそんな仕事をやらされるらしい。何を調べるのかといえば、自分が所属する省の記事（正確には悪口）を探すらしい。そして報告する。

そんな馬鹿なと思うかもしれないが、これは知人の東大生の言っていた話である。もし、私なら心が少し捻《ね》じ曲がるかもしれない（話半分にしても、すごい）。

心の悪魔が私にささやく

人生で心が捻じ曲がらないようにするのは大変である。

例えば、ゴルフ。ある人に、「ゴルフのスコアをごまかす奴は実人生もごまかす。決して信用するな」と言われた。

ゴルフのスコアは自己申告である。ニッカーボッカーはズボンの裾からボールを落として打数を少なく申告する輩《やから》がいるから発案されたという。

スコアをちゃんと申告する。正直、とても難しい。みんなから離れた藪《やぶ》の中、一打空振りをする。誰にもみられてはいない。心の悪魔が私にささやく。

「今のは素振りで、空振りじゃないんじゃないか」

ゴルフを始めて二十数年。何年か前に決してスコアを偽らない人と知り合った。

私は彼を見習った。後に彼は真の友となった。私よりも一七歳年下の男である。

自分を偽らない。ゴルフ一つとっても大変なことである。


佐川氏は決してスコアを偽らない人だと信じたい。

忠実に職務をまっとうした。ただ方向性を見失ったのではないか。

この事件の前、文科省の天下り問題があった。職務に忠実だったであろう男、元事務次官・前川喜平さんは天下り斡旋《あっせん》疑惑で辞任した。

その後、加計学園問題をめぐり、「あったものをなかったことにはできない」「公平、公正であるべき行政の在り方がゆがめられた」（『共同通信ニュース』二〇一七年五月二五日）の言葉を残された。

ほんの少し前の出来事である。佐川氏はトップ官僚の落ちゆく様を目の当たりにして何を思ったのだろう。

正義を貫いた男が失墜したのだ。

今、トップ六〇〇人とも八〇〇人とも言われている官僚の人事は、内閣人事局が握っている。

ヒラメ。嫌な言葉である。上ばかりみている官僚のことを差すらしい（民間でも）。

しかし、上をみずに生き抜くことなどできるのか。

佐川氏でなくても、今、全官僚たちは、自らの将来を案じているのではないか。

「国家公務員ですので、国民に対して一生懸命やってきたと思っております」

辞任会見で間髪をいれずに答えた佐川氏の言葉は、若くしてエリートの道を歩む全官僚の志であってほしい。

この辞任会見の前々日には、近畿財務局の職員が自らの命を絶っていた。「自分の常識が壊された」と、親族と電話で話していたと報道された。

山崎ハコの言葉

人はなぜ自殺するのか。たぶん生きてゆくにはつらすぎることが起こったのだろう。本人しかわからぬ並々ならぬ事情があったのだろう。

「いや、お前はなんで生きているんだ」と聞かれたら、言葉に窮する。

正直、この歳まで生きるとたいした理由が浮かばない。

しかし、勝手に死んではいけないと思う。この世には、生きたくとも生きられぬ人がたくさんいる。病のためにあと数年しか生きられない人がいる。そして、中東ではテロで多くの人々が命を奪われ、難民の小さな子どもが海でおぼれた。

八年前の東日本大震災。津波に襲われた岩手県大槌町《おおつちちょう》の六人家族は、父と弟の二人だけになってしまった。テトラポッドの隙間から発見された当時小学生だったその子どもは二〇一八年、高校に合格したそうだ。

人にはみな寿命があるのだろう。与えられた命、自ら絶つような真似はしてはならない。

歌手の山崎ハコは大病を患い、生死の境をさまよった。

そのことを私に告げ、なおも言葉をつないだ。

「大竹さん、知ってる、朝起きるとね、息をしてるの。大竹さん、人間は息をしてるだけで、楽しいのヨ」


私はどこにもくみする者ではない。

与党や野党、そして時の政府にもである。

自由に発言できる場所、好きな音楽を楽しみ、本を読み、演劇を鑑賞する。そして、差別を嫌う。

憎むべきは、硬直化したシステムである。そして、一極に権力が集中しすぎている、政治のあり方である。

長い時間がかかる。

その長い時間は我々の成長のためにあると言ってもよい。

無駄にしないことだ。

以上、偉そうに何もできないジジィが目一杯吠えてみました。

病んで候《そうろう》

意味のない案山子《かかし》のように
やっと文字が書けるほどになった。
指の震えは止まったが、左足にはまだ痺《しび》れが残っている。
範囲はずいぶんと狭くなってきた。初めのうちは左足の脛《すね》から親指の先まであったのだ
が、今は足の甲から指先ぐらいに縮まってきた。
だが、運の悪いことに、腰痛の手術後、病室と家の台所で目眩《めまい》を起こし二度ばかり転倒

し、痺れの残る左足首を捻挫してしまった。原因がしばらくわからなかったのだが、それは痺れをとる薬のせいであった。

たぶん、無意識のうちにかばったのだろう。倒れた時に、右手で左足の甲あたりをしっかり押さえていたのがいけなかった。

足の痺れは温めなくてはいけないのだが、捻挫は冷やす。

さて、私は、厚い靴下をはいて温めるほうを選んだ。

医者にも伝えたのだが、「骨折もしくはヒビなら、もっと腫れてくるはずだ」とレントゲンも撮ってくれなかった。

この歳までどんな薬を飲んでもそんなことが起きなかった私は、目眩の原因を突き止められず、不安におびえた。いくら椅子からゆっくり立ち上がっても天地が大きくまわり、その場から動けない。

目を閉じて左手で何かにつかまり、少し時を過ごせば目眩は治るのだが、必然的に動きは緩慢になった。

この症状はいつまで続くのか。

医者に伝え、目眩の起こりづらい薬に替えてもらったが、それでは痺れがとれない。

しかも医者は、筋肉が落ちてしまうから歩いたほうがいいと言う。

私は医者の助言に従った。左手に杖を持ち、足を引きずりながら家の近くをうろうろと歩いた。

疲れたら右腕をその辺の電柱で支えた。

九月の夕方とはいえ、まだ陽が強く、額や胸に汗が吹き出す。左手の杖を離すわけにはいかない。電柱についた右腕に顔をなすりつけた。あまりうまくいかない。

人目になるべく触れぬように、細い裏道を選んだのだが、それでも人はいて、私よりは年上であろう老女が怪訝《けげん》な顔をしながら通り過ぎてゆく。

入院していたのは術後一週間くらいであったが、その時は車椅子で移動した。エレベーターも利用するのだが、車椅子を利用する人間を人がどんな目でみているのかが初めてわかった。

いろいろな人の目が私に注がれる。様々な事象が読みとれた。ちゃんと歩ける、速足で歩ける人々は特に、私が、いや車椅子が目に入っていないかのように、追い越していった。私が透明になってゆく。

エレベーターの中では誰一人気にする者はいなかった。

遅まきながら、その経験を体に刻むことができた。良かった。みんな、とても忙しいのであろう。

意味のない案山子のように、路上に立ちつくしていると、なぜここにいるのかが曖昧になってゆく。アスファルトは、陽を蓄えて陽炎のように歪《ゆが》んでいる。それはいつもの薬の副作用、目眩かもしれない。

私は判断ができない。井の頭公園に通じる細い道だと思うのだが、それも定かではなくなって、頭の中に白い雲が湧き上がり、目は大きく見開いているつもりだが、そこにも靄《もや》がかかって、白くなってゆく。全部白くなってゆく。地べたが近づいてくる。

アスファルトにこもった熱気が左半身に伝わってきた。

「焦げちゃうぞ」

誰かが私に叫んだ。いや、それは私の声だったのかもしれない。

「エイ」

と声を出して体の向きを直す。雲の隙間の青空がまぶしい。口から笑みとよだれがこぼれた。

前向きなただの散歩であったが、あらぬ場所に来てしまった。

私はどこを歩いているのか、いつも細い尾根をバランスをとりながらうまく歩いてきたはずなのに。

どれも効かない
つげ義春の『無能の人』の中には、川原をさまよう中年の男の話が出てくる。
多摩川の川原に落ちている石を拾い集めてなんとか売ろうとする。二年もかけて、型の良い石を集めていた。石にはそれぞれ名前がついている。
雲、風、孤舟。両の手におさまるぐらいの孤舟は五〇〇〇円である。

男は同じ露天商の男にこう言われる。

「おれもいろんな売人みてきたけどよ」

「元手のかからねえ商売なんてみたことねえな」

そして、男は妻に虫けらと罵られる。

男は息子にこう言う。

「うんそうだ　虫けらとは父ちゃんみたいなものだ」


いつもは七～八分で着くコンビニにずいぶんと時間がかかってしまった。

顔なじみのベトナム人の若者が独特なイントネーションで「いらっしゃいませ～」と声をかけてくれて嬉しい。

目が合って笑いかける。

「また来たか」

余計なお世話である。リアルな日常に人は救われることがある。

イート・イン・スペースでコーヒーを飲む。コーヒーのカップだけをもらって後は全部自分でやるのだが、ここのコーヒーはうまいと思う。しかも一〇〇円だ。

入院中、隠れてタバコを吸ったのだが、すぐにバレて、担当医と看護師にひどく叱られた。妻も頭を下げた。情けない。窓まで開けて、細心の注意を払ったのだが、窓を開けた分、通路側に匂いが漏れたらしい。

あやうく追い出されるところであった。

しかし、ここのコンビニには外ではあるが、ちゃんと灰皿がある。


思えば、私の腰痛は急激であった。

痛みは横になっている時だけはおさまるのだが、座っている時も立っている時も、ジクジクと左腰を痛みが襲った。もちろん歩くこともできない。

最終的に、大病院で手術を受ける羽目になるのだが、それ以前は親切な友人の教えに従って、鍼《はり》や気功、スポーツマッサージなどあらゆるものを試した。しかし、どれも効果がなかった。

痛い腰を支えながら、ようやくの思いでたどり着いた古いビルの二階にある気功師のところでは、階段ですれ違った妙齢の女性に「効きますか」と尋ねたら、真剣に私の目をみつめて、大きくうなずかれた。

だが、縦長の治療室へ入っていくと、硬いベッドにうつぶせに寝かされ、何やら先生の気合いの入った声がすぐ近くで聞こえた。どうやら私の腰あたりに手をかざしているようだ。前後を入れて、五分間くらいであったが、

「ハイ、三二五〇円」

と言われるままに金を払った。

下りの階段はなおも腰にこたえた。


現代医療では、ブロック注射なるものが、その最先端であるらしい。

これで効果がなければ、手術に踏みきるという。

レントゲンの台にやはりうつぶせに寝かされ、背中の骨と骨の間に注射針を刺すのだ。神経の多く集まる場所である。麻酔もかけるのだが、その効果は少ない。

私は台の両端を思いきりつかんでいたのだが、それでも体は大きくエビのように反った。

食いしばった歯の間から止められない声が漏れる。看護師も含めて三人が私の体を押さえこんだ。

これは世界で一番痛い注射ではなかろうか。

局部に五回も注射した。打つたびに、その効果を期待するのだが、すべて泡のように消えた。

老人のダメ日記

様々な治療を受けている間、さすがにテレビの仕事は休ませていただいたが、ラジオは続けていた。しまいにはブースの中に、マットを敷いてもらい、マイクコードを伸ばして生放送をこなした。

相方の女性はテーブルに座っているので、私には膝下の脚しかみえない。そんな放送が三～四日続いた。

最後には自宅から出ることもできず、自分のベッドで寝たままで、その日のゲストだったNHKを退社したばかりの有働《うどう》由美子さんとスタジオとつないだ電話で話した。

不思議とラジオでしゃべっている時だけは、痛みを忘れるのだ。


以上、突然の腰痛に襲われた老人のダメ日記である。

世間にはザラにある話だし、もっと大きな病に苦しむ人々もいる。

お互い、こんな闘病日記がいつか笑い話になれば良いと願う。

一つ書き忘れた。

何回か通った鍼治療院の女先生が、

「大竹さん、病気には『日にち治療』って言葉があるのヨ」

その治療院は足の痺れなども治す専門のところであったが、私の足は一向に治らない。

私以外にもそんな患者さんが何人も通院してくる。あるお年寄りは、六年もたってから治ったと喜んで報告に来たそうだ。

急激な腰痛に見舞われた私は、動転してあらゆる医者を駆けまわった。

静かに諭すように言われた言葉が、足の痺れが小さくなった今、しみるのである。

人間は七〇歳近くなっても、医療によってではなく、時間をかけて己の体が快方に近づくべく努力をするらしい。
弱者は弱者のまま終わらないのである。
足の痺れは、いつか治るかもしれない。

第五章　ダメな大人の言葉などに耳を貸さぬが良い

春にそなえよ

年寄りを揺さぶった本

『チュベローズで待ってる』の上巻をとても面白く読んだ。著者の加藤シゲアキ君は、三二歳で、ジャニーズのＮＥＷＳというグループに属している。

前にジャニーズの人たちと何度か仕事をしたが、彼らのスケジュールは尋常ではない。本を書く暇など、どこにあるのだ。

二〇一二年に『ピンクとグレー』で作家デビューしたとあり、この本はもう五作目である。

「チュベローズ」とは、新宿にあるホストクラブで、就職に失敗した若者が、奇妙な成り行きで、この店で働きはじめるところから始まる。虚構性に満ちた物語である。

丹念に取材を重ねなければ、こんな虚構にリアリティを持たせることはできないと思うのだが、作者は、NEWSという忙しいグループに所属しながら、なぜ書けたのか。

しかも、読者は、最初の一ページから、トンカチで殴られたように、半ば昏睡状態で物語に倒れこむのだ。

それればかりではない。目を見張る美しい表現が、そこかしこにあって、あーとため息が出る。

一三六ページの二行目。

「空を見上げると、フェードアウトしていくように夕焼けが青い夜に吸い込まれていく」

これは、美津子との電話、「うまくいったよ」「よかった」の間に書かれている文章で、主人公の気持ちを率直に表していて、気持ちが良い。年老いたこの私でも、目を閉じれば、すぐにその情景が浮かぶ。

宣伝文には、「光太に深い関心を寄せるアラフォーの女性客・美津子。ひとときも同じ形を留めない人間関係のうねりに翻弄される光太」とある。

楽しみな若者が出てきた。噂によると、下巻はもっと面白いらしい。


そして、もう一冊。これは著者がラジオのゲストに来られるというので読ませてもらった。

『しんさいニート』、カトーコーキと表紙にある。

『チュベローズで待ってる』とは、まるで逆で、一切の虚構を許さない、リアルな漫画であった。

うつ病に苦しみながら、必死に机にかじりついている作家の抜き差しならぬ状況が伝わってくる。

二〇一六年の九月二八日初版とあるから、二〇一一年の震災から五年もたって、やっと描き上げられたことがわかってせつない。

福島県南相馬で生まれ育った「ボク」は、兄の家族と放射能から逃げるように北海道を目差す。車のガソリンが底をつきそうになる。ガソリンスタンドには長蛇の列ができ、一人二〇〇〇円分までと制限された。列に並んでも、売り切れになってしまう。

私も、そういえばと思い出した。二八〇キロも離れた東京でも、同じことが起こっていたのだ。

地元では、東京電力福島第一原発が爆発したというのは誤報だと防災スピーカーから流れる。人々は安堵《あんど》するが、二時間後には、防災放送こそが誤報で、本当に原発が爆発したことを知るのだ。

避難先の福島市でも水道も止まって、家族は川の水を汲《く》み、風呂に溜める。しかも他人との関係性にもつまずく。

「ボク」は何一つ生み出せない、非生産的な自分の存在がとても情けなく許せなかった。そして、自己を喪失した「ボク」は罪悪感にさいなまれてしまう。

物語は、自己の内に起きている症状が肉体に及び、笑うこともできなくなり、おう吐や下痢を繰り返すさまを、これでもかとリアルに伝える。読むのがつらくなった。

「ボク」は、玄関ドアのドアクローザーの部品の棒にベルトを二本つないで最後のタバコを吸う。

そして、誰かと話したくて、世話になったミカさんに電話が通じて、「ボク」は大泣きするのだった。

何もできなかった「ボク」はやっと子ども時代に描いた漫画を思い出し、ひたすら描き続けた。

五年の月日を要したこの漫画は、彼の生きる最後の手段でもあったのだ。

ウーマンラッシュアワー

二冊の本は、天と地ほど違うお話である。

一方は、虚構に満ちた不思議な世界であり、もう一方は心が苦しくなるような現実であるが、若者たちが書いた二冊は、この年寄りを揺さぶる。

そして、もう一組の若者がテレビで暴れていた。

吉本興業に所属する「ウーマンラッシュアワー」というお笑いコンビ。

近頃めずらしい政治風刺の漫才である。

二〇一七年一二月二一日の『東京新聞』でも大きく取り上げられていた。

ウーマンラッシュアワーの村本大輔君は、漫才の中で、「故郷の福井県を自虐的に（中略）原発が集中しているにもかかわらず、おおい町では午後七時に店が閉まるとし、『電気はどこへゆく！』と皮肉った」とある。また、「東京五輪に向け『豪華な競技場建てる前に』『被災地に家を建てろ』」とも早口でまくしたてた。

私は友だちの作家にすごくシャープだからと言われ、その場で小さなスマホで彼らの動画をみた。

会話のスピードと、政治を見事に笑いに昇華させる腕前に驚いた。こんな活《い》きの良い若者がお笑いにもいたのだ。

漫画家の倉田真由美（くらたま）は、最初は大笑いしたけれど、何度もみるうちに涙があふれたと私に告げた。

このウーマンラッシュアワーの漫才は、ネット上で賛否が交錯したらしい。

前出の新聞には、ジャーナリストの津田大介さんや映画監督の想田和弘さんが称賛したとあった。また、「『これはお笑いではない』といった反発もあった」とある。

しかし、私は笑ってしまった。みんなは笑わなかったのだろうか。

元々、お笑いには右も左もない。その時々の政府を茶化して、笑いのネタにしてきたのだ。庶民はそれでウサを晴らした。

テレビは、スポンサーやコンプライアンス、BPOなど、いろいろと気を遣わなければならない。必然的に、過激なものを自粛してきた。

ウーマンラッシュアワーの漫才は、そんな時代を見事にけさ斬りにして、気持ちが良い。みんな笑っていた。彼らの勝ちと思うが、それは違うのか。

漫才の最後、村本君は「(それは・引用者注) お前たちのことだ!」と聴衆を差すのだ。その指は、私の胸にも突き刺さった。

村本君は「抑圧された息苦しい、我慢しているところに、でっかい穴をあけて風を通しやすくするのがお笑いの仕事だと思っている」と『東京新聞』のインタビューを締めた。その心意気や良しである。

彼にどんな未来が待っているか。私はとても期待している (が、多少の心配もある)。

吠えろ若者ヨ

さて、もうすぐ春が来る。いやまだ早いか。昨日、大雪が降ったばかりじゃないか。そんなことはどうだっていい。嘘と思うなら、近所の桜の木をみてごらん。よくみてみなさい。ホラ、固いつぼみがもう膨らみはじめている。なぜ、梅を飛び越え桜なのか。それはいい。

春は確実に来る。来ると言ったら来る。

いろいろな問題を抱えつつも、季節は、山口百恵の歌のように、私を追い越していく。

若者たちヨ、冬をのり越え、春に備えヨ。

確かに、問題は山積みである。

アメリカをたとえに出さずとも、格差は広がっている。

国は多くの借金を抱えこんでいる。

私のせいではないが、私は一九四九年のベビーブームに生まれ、多くの老人の仲間入りである。

バブルも弾《はじ》け、何十年も低成長の時代があって、君たちは生まれ、多くの老人を背負って生きなければならない。

ＡＩの時代が来る。予想では、一〇〜二〇年後には、四九パーセントの仕事がなくなるそうだ（私はもっと早くにやってくると思っている）。

本当に申し訳ない。私は就職したことがないから、サラリーマンの苦労はわからない。その日暮らしだ。二八歳の時の年収は六〇万円だった。

唯一の救いは、戦争がなかったことだ。この国は七〇年以上戦争をしていない。だから、兵隊にもとられなかった。

私の父は、赤紙が来て、満州（中国東北部）に行った。多くの友人が亡くなったと聞く。父は生き残って日本に帰ってきた。戦争が終わって四年がたち、私が生まれた。父が三五歳の時の子どもである。

二〇一八年一月一四日、『朝日新聞』の一面の見出しは「武器輸出　トランプ氏率先」とある。

潤う軍需産業でアメリカは景気が良いらしい。それも一パーセントの大金持ちの話だ。

先に述べたように、格差は広がっている。

それでも、君たちは恐れてはいけない。

吠えろ若者ヨ、悩むこともあり、落ちこむこともあろう。

しかし、ダメな大人の言葉などに耳を貸さぬが良い。仕出かした不始末にクヨクヨするな。思いもよらぬところに活路がある。

近道を選ぶな。近道はただ単に近いだけだ。

まずいパンを食べろ。まずいラーメンを啜《すす》れ。なぜと聞くな。

読めない本を読め。三ページで諦めるな。これで私は何度失敗したのか。

あの時、読んでいれば、わからなくても読み返していれば、もっと豊かに暮らせたかもしれない。サリンジャー、大江健三郎、ドストエフスキー。

頑固になるな。頑固はそこで考えをやめてしまった私のような人のことだ。

この頑固者が!

最低一回は振られろ。相手は男でも女でもどっちでも良い。私の場合は女だった。振られなければ人は馬鹿になる。振られて初めて人になる。

変態になれ。奇人になれ。群れから抜け出せ。

遊ぶ。とにかく遊ぶ。遊び呆《ほう》けていれば、自分が何をすべきかみえてくる。間違えたら謝る。ちゃんと謝る。若い頃、酒の席だったか忘れたが、大阪で月亭可朝さんに、

「あんたはんも、それで謝ることができたら、ええのになあ」

と言われた。

酒は飲めても、飲めなくても良い。私は下戸だ。

そして、私のようなダメな大人の言うことなど、一切聞いてはいけない。

花水木《ハナミズキ》

世間から少し離れた気分

東京では、もう桜の花も散って、今は花水木がきれいな花をつけている。

私が住む街の近く、神田川沿いには、薄桃色と白の花の木が交互に植えてあって、ほんの短い距離なのだが、年寄りたちを慰めてくれる。

花水木。誰がつけたか美しい名前である。

一青窈《ひととよう》さんの名曲のタイトルにもなっているらしいが、私はその歌をよく知らない。

少し調べたら、花水木はミズキ科の仲間で、花が目立つのでこの名前がつけられたらしい。日本がアメリカのワシントンに桜を寄贈したお礼として一九一五年に贈られたのが最初で、全国に普及した。

一青窈は、花水木の花言葉「永続性」から、「君と好きな人が百年続きますように」と歌っている。二〇〇一年九月一一日、アメリカの同時多発テロ事件発生時、ニューヨークの友人からのメールをきっかけに書いた詞だとある。

知らなかった。

四月。中学や高校を卒業した人も、大学を卒業した人も、進学しなければ学生ではなくなり、社会人になる。一七歳の若者は一八歳になり、選挙権を手にする。新しいルールが君たちを迎える。

私は七〇歳になり、世間から少し遠く離れた気分である。

世間からはみ出した年寄りは、ここでタバコを吸うわけにはいかないから、階段を二階分下りて、地下の喫煙所に行っていたのだが、上りの階段はしんどかった。

喫煙所では、四〇代とおぼしき男がコンビニで求めたであろう「海苔巻《のりま》き」からラップを剝《は》がして食べていた。

ほかに食べる場所がなかったのかもしれない。どこかの市はタバコを吸った者は四五分間エレベーターにのれないようにするらしい。

四五分たったら、もう一本、タバコを吸いたくなってしまう。

たぶん、それがその市にとって良い社会に向かうことなのだろう。

私にはわからない。

君は大切なものを踏みつけていないか

さて、国は近年、雇用が増え、失業率が低下傾向にあると言っているが、果たしてそうだろうか。

日本総合研究所調査部主席研究員（もう少し短くならないか）の藻谷浩介《もたにこうすけ》さんは、二〇一八年三月二五日の『毎日新聞』「時代の風」の中で、異をとなえている。

「『アベノミクスによる景気回復で、5年間に就業者数は250万人増えた』『いや増えたのは主に非正規雇用だ』という応酬も、年齢を見ていない点でピントがボケている」と指摘し、「増えた250万人(正規・非正規合計)の、6分の5に当たる211万人は65歳以上」であり、「景気回復で雇用増というのであれば、64歳以下の男性の雇用も増えているのが筋ではないだろうか。また『若者の雇用増』というイメージに反して、39歳以下の就業者も116万人減っている」と。

きつい指摘である。

私のような高卒のチンピラが言うことではないが、君たちが向かう社会は、昔よりも厳しい。

おそらく、何十社も会社を訪問して、何十回も落ちたであろう。この日本社会のシステムにも問題がある。なぜ、新卒ばかりが就職に有利なのか、それも理解できないが、船出の第一歩がそこにある。誰かが、日本特有のこのシステムを変えなければずっと続いてしまうだろう。

誰でも銃を持つことのできる(昔よりは規制が厳しくなったらしいが)アメリカでは、学校内の銃乱射事件が頻発している。トランプ大統領は、それでは教師にも銃を持たせれば良いと発言した。

教師が生徒に銃を向けろというのか。教師に生徒を撃てというのか。

アメリカの各地では、高校生たちがこれに反対し、全米で一〇〇万人がデモに参加している。

友を失った悲しみを二度と繰り返したくないと立ち上がった高校生たちの想《おも》いがいつか叶《かな》うことを願う。

前述の藻谷浩介さんは、引用した文章の前段で「反対勢力がいてこそ社会は健全化するというのが民主主義の基本原理」であると書いている。私もこれに賛同する。オール与党では民主主義ではなくなってしまう。

社会学者の橋本健二さんが、『新・日本の階級社会』という本の中で、かなり絶望的な日本の将来を書いている。

社会構造が変化し、新たに登場した「アンダークラス」という下層階級、誰もがそこに落ちる危険があるという。

労働者が正規と非正規に分かれてしまい、現在、非正規の人はおよそ九〇〇万人超となった。

この受け皿を社会が作ってこなかった。そして格差はこれからも固定化していくであろうと述べている。

本の中身は深刻である。

ずいぶん昔、私は、卒業間近の大学生を呼んだ番組に出演したことがある。今でも、はっきり覚えているのだが、彼らに能力主義をどう思うかの質問があった。

五〇人中、四〇人以上が、自分に能力があると思いますかという質問にイエスの隠しボタンを押した。

もちろん、これから社会の荒波に出てゆく若者たちだから、当然といえば当然なのだが、一歩下がって俯瞰《ふかん》すれば、五〇人のうち、世に出てうまくやっていける人は何人いるのだろう。

問題はここにある。誰もが出世をすることはできない。それに若い人は気づかない。

経営側にとって、非正規はとても便利な存在である。雇用の調整弁とも言われている。忙しい時は増やし、そうでない時は減らす。

そうやって企業が業績を伸ばし、国が潤い、市民が豊かになるはずだという。

本当にそうだろうか。この先、一〇〇〇万人にも増える非正規の人々に何の保障があるのか。彼らは労働者でも消費者でもあるから、働く人々の収入が低く固定化されてしまえば、一部の資本家たちだけがますます富を増やす。

それで良いのだろうか。

誰かが誰かの肩を支え、もし自らが弱った時、それを補う社会であってほしいと思うのは、私のような年寄りだけではないはずだ。

若者たちは、自らの足元をみよ。君は大切なものを踏みつけていないか。そこに草があって、今まさに花をつけようとしてはいないか。

タレントのモト冬樹は巣から落ちた雀《すずめ》を飼育していた。都の環境局からはそれはまかりならんとお達しが来た。

まったく笑えない笑い話である。

「私たちは幸せです」

「ハードコア弁当」なるものがSNSで話題になっているらしい。

ハードコア弁当とは、白飯の上に出来あいの惣菜が一つだけのったお手軽弁当のことらしい。

例えば、白いごはんの真ん中に、焼いた鯖《さば》が半身だけとか、焦げた春巻きを三本とか、まるで昔の梅干し一個（日の丸弁当）の復活かと疑いたくなるような弁当である。

どんな時にそうするのか、解説では、

・〝インスタ映え〟に疲れたあなたに

・夫婦ゲンカの仕返しに

・反抗期の子どもへの圧力に

云々《うんぬん》とある。

会社で弁当を広げた時、学校の昼飯時、当人はどんな気持ちになるのだろうか。

自分の昼飯に持っていくのは良いが、他人にそんなことをして良いはずがないと思うのは私だけか。

「ハードコア弁当」発案者は芸人さんらしい。私は笑えなかった。若者にエールを送るつもりで書きはじめたのだが、今回もどうやら失敗してしまった。年寄りの愚痴に聞こえてしまいそうだ。


私のラジオ番組は午後一時から三時半まで、二時台の頭に「大竹発見伝〜ザ・ゴールデンヒストリー」というコーナーがある。毎週、割り当てられた作家が丹念に取材し、本人が五分間ほどの文章にまとめる。それを私が読む。

三月後半の週は「私の病気知っていますか」というテーマで、五日間語られた。ある日のテーマは、「ナルコレプシー」。突然、猛烈な眠気に襲われる病で、『麻雀放浪記』の作者、阿佐田哲也さんがかかっていた病気だ。

作家が取材したTさんは小学生の頃、たっぷり睡眠をとっているのに、授業中「あ、眠いな」と思ったら、カックリと寝てしまう。先生に注意されるが、原因がわからない。

成長期に入ると、ナルコレプシー特有の「情動脱力発作」が起こる。発作のきっかけは様々だが、Tさんの場合は主に笑った時だそうだ。

笑った瞬間、関節の力が抜けて、倒れそうになってしまうという。

それでも高校に合格するが、成績がどんどん落ち、留年する。

薬を飲んでその副作用と闘いながら、大学の農学部に進学する。

病気を隠して二三歳で一般商社に就職するが、仕事中に寝てしまい、クビになり、職を転々とする。

そして二〇代後半に開発された新薬を試したら副作用が激減したとある。

「それまで生きるだけで精一杯で何も楽しいと思えなかったけど、やっと恋愛でもしてみようかなって気持ちになって。人生で初めて前向きな気持ちになれました」

後に、Tさんはこのナルコレプシーという病気を理解してくれる女性と出会い、二〇一七年の六月に結婚式を挙げた。

逆境を克服した者だけが何かを手に入れる。

最後に。

この番組に封書が届いた。開くと、点字であった。点字の横に、美しい文字の日本語があり、誰かが訳したことがわかる。

毎日は聴けないが、この番組が好きで聴ける日は聴いてくださっているという全盲の七〇歳の妻と、同じ全盲の七一歳の夫からの手紙である。

特に、月曜日の女性の声と、金曜日の女性の声が気に入っているそうである。

点字の最後に、

「私たちは幸せです」とあった。

君は誰かね

高いお新香

若い人たちは、一月に成人式を終えた。

そして、多くの若者がこの四月に社会人になる。家の事情、心の問題などで、社会に出るのが遅れている人もいるだろう。

しかし、この国はなぜか一斉に新卒者を迎える。若者たちは、リクルートスーツに身を包み、何十社も訪問し、やっとの思いで、社会人の一員となる。どれだけ、心の折れた若者がいたのか、私に知る術はない。

しかし、この社会に船出する輝かしい未来があることを誰もが願っている。

この年寄りは、その若い人たちに何か助言なるものを与えたいと思うが、今日まで無駄に禄《ろく》を食《は》んできた私が一体何を伝えれば良いのか、ぴたりと筆が止まった。


親の忠告や先生の助言、すべてを無視して、大学は一つだけしか受けなかった。その大学もハナから高望みであり、見事に落ちた。

大学に行けず、予備校に通う金まで使いこんで身動きがとれない私は、手書きのアルバイト募集の貼り紙を見つけ、銀座のはずれにあるスナック「リンツ」の若いマスター（店主）に拾ってもらった。

マスターは当時流行っていたボウリングに凝って、シューズやボウリングの球まで、自前でそろえてよく店を空けた。

一八歳の私は、いきなり飛びこんだバイト先で、なんの修業もせず、勤めはじめて二週間もたたないうちに、見よう見まねで、カニピラフや生姜《しょうが》焼きなどを作って出した。客はなぜ文句一つ言わなかったのか、いまだに謎である。

ずいぶん前に、そのスナックがあった路地を車で通ったが、もうそこに店はなかった。四〇年以上前の話だ。なくて当たり前かもしれない。

拾ってくれたマスターにいつか御礼をと思っていたが、その機会はなかった。

店には常連客が何人もいた。マスターがいない時、客は私の腕をみてやろうと思ったのか、試そうとしたのか、店の名物であるカニピラフをよく注文した。

何回も作るうちに、最後に入れるカニ缶の汁が味の決め手になると気づく。缶から右手で一握りすくう。身の水分を手の握り加減で調整する。多くても少なくてもいけない。本当にうまくいった時は、左手でまわすフライパンの上を踊るように飯粒が跳ねる。戻した時には、フライパン面に均等に飯粒や具が寝そべる（本当に寝るんだから！）。

常連客の中に、特に私を可愛がってくれる客が二人いた。一人はたぶん婚期がうまくつかめなかったのか、四〇歳前後の独身ＯＬ（今はこんな言い方はしないか）。

彼女は、ビールとカニピラフとお新香。お新香は、二〇〇円なのだが、店主がいない時、私は一〇〇円で出した。女性はその値引きに気づいている様子はなかった。ただ、決まりのように食した後、「ご馳走《ちそう》さま。今日のピラフは美味しかった」といつも喜んでくれた。

もう一人は、中年の小さなデザイン会社の社長さん。

彼は生姜焼き、スパゲティ、エビフライ、ポークピカタと、いろいろ注文を変えて私を困らせた。

ＯＬに一〇〇円で出していたお新香、社長からは四〇〇円取った。ある日、二人が居合わせ、お新香の件が社長にバレてしまった。社長は大げさに驚いたが、料金にケチはつけず、いつも「高いお新香、くれ」と言って注文した。

その人たちの消息も、私は知らない。

「君は誰かね」

その後も私は職を転々とした。六本木のクラブのボーイ。新橋のバーテン。高田馬場の「寄せ場」では日雇いの列に並んだ。中野坂上に建つ一四階建てのマンションの工事。トビの兄さんは危険な仕事を私にはさせなかった。地上でのセメント捏《こ》ねやブロック運び、一四階のビルから私の真横にネコ（一輪車）が落ちてビビった。

堀ノ内のスナックでは、経営するママの男だったヤクザの親分に月一で一万円の祝儀をいただいた。そして、決して、堅気の私をその道に誘わなかった。なぜか。

渋谷の仁丹ビル裏にあるスナック。私が落ちた青山学院大学の学生がよく顔を出した。そして私は彼らとよく揉めた。

また、銀座に戻って、今度は大通りに面したカフェ「むね」の調理場。一度に三〇個のプリンを焼く。この店の女性店長に「君は何をしたいの」と聞かれ、「まあ役者かなあ」と偉そうに答えた。女性店長は親身に「まず基礎が大切ヨ」と、渋谷にある俳小（俳優小劇場）を紹介してくれ、私は母親に金を無心して入学することになる。

私は、それが当たり前のように仕事を替えた。

しかし、俯瞰してみれば、街をさまよい歩く、無軌道で無鉄砲なたどり着く場所さえも定かではない、学びのない若者の姿である。

銀座のネオン、まだ名所ではない中目黒の桜の下で私は何を考えていたのか。

東急東横線の窓外の景色がまるでトーキー映画のように、色を失っていた。

灰色の街に行き交う人をいつも傍観者のように、私には関係のない、縁のない人々だとも思っていた。

「君は誰かね」

老人の声なのか、父の声なのかはわからない。いつもそんな声が聞こえた。

しかし、すぐに忘れた。私は食べていかねばならなかった。

パチンコにも麻雀にも勝たなければならない。しかしいつも結果はその逆であった。

小さなツキを大切にしなければならないと体で覚えた。そして、そのツキをいつも逃した。

女にもすがった。時々の女たちはみんな優しかった。温もりが体に残っている。また、その女たちを無下に突き放した。

過去、二度、女に振られた。ひどい振られ方であった。もう少しでストーカーになるところだったが、なぜか踏みとどまった。理由はわからない。ただ振られて良かった。本当に良かった。それがなければ、今の私はいない。

もういい大人なのに

父は赤紙が来て、兵隊にとられ、満州に渡った。敗戦後、命からがら本土に戻ってきたが、多くを語らなかった。

戦後、赤坂にある「東海電極」という会社で定年まで勤め上げ、記念に金無垢《きんむく》の時計をもらった。

まじめな父に反発したのか、まじめにみえた父の内にくすぶり続けた狂気が私に伝わったのか。

月曜から金曜で続けているラジオがこの春、三〇〇〇回を迎えた。一二年間続けた計算になるが、私の力ではない。みんなが協力し、かばいあい、ヨタヨタと時間が過ぎた。聴いてくださる方々は実に辛抱強く、そして私を許した。まるで父のようでもある。

スペシャルウィーク、二日目の火曜日のゲストは芥川賞を受賞された町屋良平さんである。『1R《ラウンド》1分34秒』が本のタイトル。字も大きく、ページ数も多くない。タイトルも魅力的であるが、読んでみると、難しい。純文学である。正直、私は読んだが、読めていいない。内容が把握できないでいる。今までラジオのゲストにいらした作家でどうしても理解できない本が二冊。町屋良平さんが三人目である。町屋良平。善良そうで、わかりやすい名前なのに、本は難しい。

火曜日はどうしよう。大人の対応も必要だと思うが、やはりここは一つ「すまん、よくわかりませんでした」と言わねばなるまい。

もういい大人なのに、まだ試練がやってくる。ああ、せつない。誰かに脳ミソ、百貫目ばかり分けてほしいと思うが無理か。

「無理を承知でどうだ」

誰も答えてはくれない。一人なのだから。人は一人なのだから。

迷いながら生きてきた

一体、何を書いているのやら。高校を出てすぐに社会に飛びこんでしまった私には、君たち若者に送る言葉がない。

父にも母にも迷惑をかけた。口やかましい母の苦言。今ではそれが愛情であったと気づく。何も語らぬ父。とうの昔に死んでしまった父は、私が高校生の時、家出をして三日もたたぬ間に帰ってきた私に向かって、住所だけで何も書かなくて良いから、葉書を送りなさいと唇を噛《か》んだ。

世間の風は思ったよりも温かく、冷たかった。このチンピラはいつもその世間に助けられた。

風間杜夫やほかの劇団仲間とバイトしたラーメン屋の婿養子の店長は、正月に家に招いて豪華なおせちをふるまってくれた。ただ焼豚だけは、店で出すチャーシューメンのチャーシューと同じだった。

老人が駅の長い階段の途中で休んでいる。両手に荷物を持った母親が幼い子どもと歩いている。幼子は母のジャケットの端を必死につかんで離さない。宅配便の配達の人は、大きな荷物が同じエレベーターにのりあわせる人々の邪魔にならないか、細心の注意を払う。

今週、もう一冊本が届いた。ラジオのリスナーである祥伝社の女性からで、本屋大賞の候補にもなった小野寺史宜《ふみのり》『ひと』。とても図々《ずうずう》しいお願いであるが、良い本なので是非読んでほしい、ときれいな字の添え文があった。

高校二年生の時に父が車の自損事故（猫をよけようとして）で亡くなり、大学に入学したら今度は母親も亡くなる。

一人の若者がたった一人で生きていく話である。

私は一夜で読んでしまった。

恥ずかしい話を思い出した。一〇年以上前に私は本を書いた。今読むと赤面する情けない文章がページをめくるたびに飛びこんでくる。あろうことか、その本を小説家の小林信彦さんにだけ送ってしまった。

「厚かましくも、本を出しました。失礼を覚悟でお送りしました。もしイヤならそのまま捨ててくださって結構です」

後に、小林信彦さんは『中日新聞』のエッセイで「近頃のタレントが書いた本」として、小沢昭一さんの御本と一緒に紹介してくださった。もちろんメインは小沢さんの本で、私のは数行であった。

私は嬉しくて、自宅の六畳間で踊った。

祥伝社の女性が送ってくださった小野寺史宜さんの『ひと』はとても面白い。だから、私もラジオで紹介したいと思う。

すまん。若者よ。君たちに伝える言葉をこの年寄りは持っていなかった。ぐだぐだと回り道を、それも迷いながら生きてきた男の駄文である。こんなものは読まずに、女性（男性）でも口説いていたほうがよかろう。諸君、さらばじゃ。ありがとう。

no1

東京では　もう桜の花も散って、今は花水木（ハナミズキ）が綺麗な花をつけている。私が住む町の近く、神田川沿いには、うす桃色と白の花が交互に植えてあって、行くの~~道~~短い距離なのだが、年寄りたちを慰めてくれる。

花水木（ハナミズキ）。誰がつけたか美しい名前である。

一青窈（ひととよう）さんの名曲のタイトルにもなっているらしいが、私はその歌を知らな

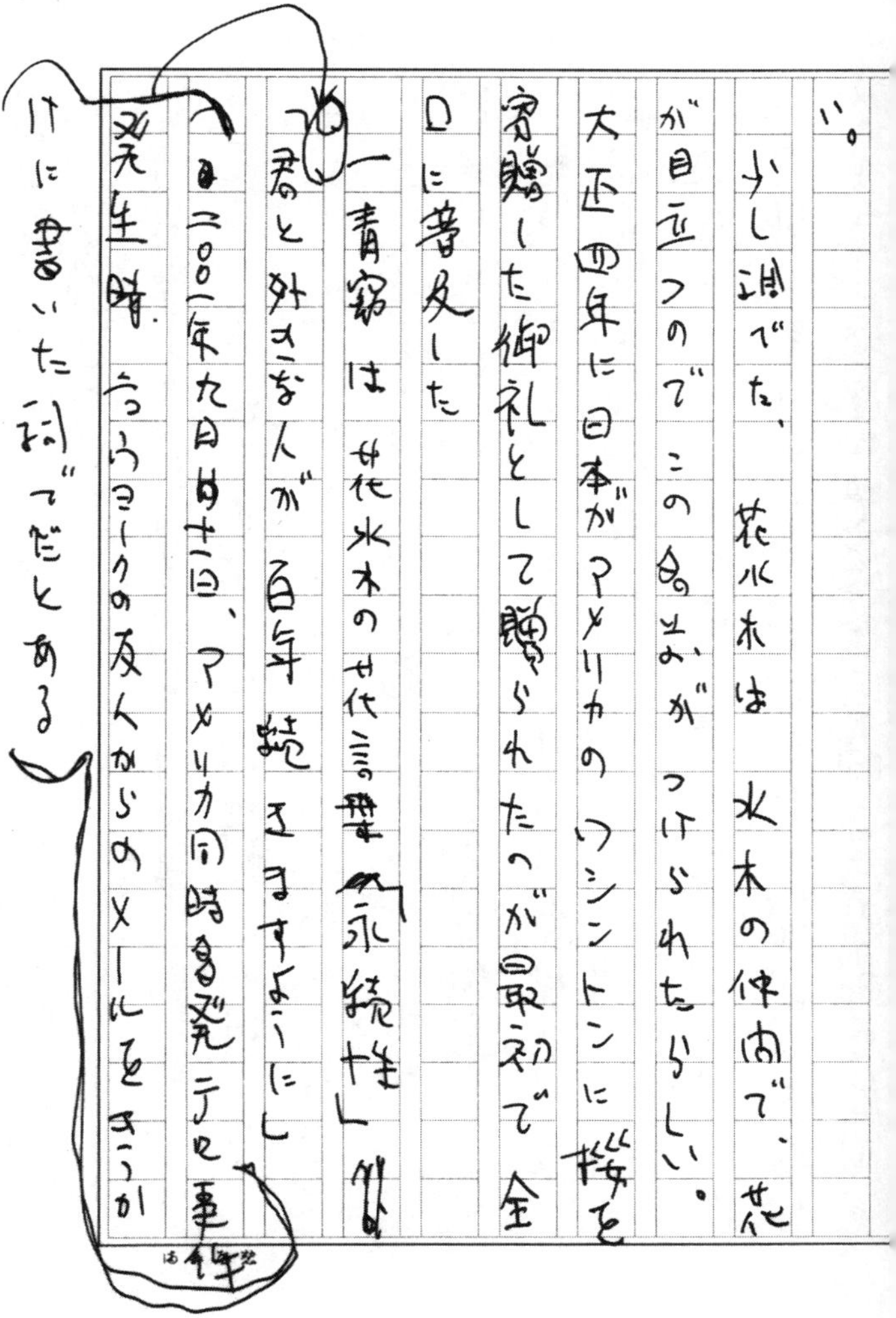

い。
少し調べた、花水木は水木の仲間で、花が目立つのでこの名がつけられたらしい。
大正四年に日本がアメリカのワシントンに桜を寄贈した御礼として贈られたのが最初で全国に普及した
一青窈は花水木の世代三の曲「永続性」外
君と好きな人が百年続きますように
二〇〇一年九月十一日、アメリカ同時多発テロ事件発生時ニューヨークの友人からのメールをきっかけに書いた詞だとある

〈花水木〉直筆原稿（初稿）

No2

本当は何も知らない私である。知らなかった。

四月。高校を卒業した人も大学を卒業した人も。学生ではなくなり社会にでる。十七才の若者は十八才になり選挙権を手にする。新しいルールが君たちを向かえる。

私は六十九才になり。世間から少し遠く離れた気分である。

世の中からはみ出した年寄りは。ここで夕バコを吸うわけにいかないから。階段を二階分降りて。地下の喫煙所に行ってきたのだが。

登りの階段は膝にしんどいかった。

喫煙所では、四十代とおぼしき男がコンビニで求めたであろう「のり巻」をラップから剥がして食べていた。

他に食べる場所がないか、ためかもしれない。

どこかの市は、タバコを吸ったものは、四十五分間、エレベーターに乗れないようにするらしい。

四十五分たったら、もう一本、タバコを吸いたくなってしまう。

NO3

多分、それが、その市にとって良い社会に
向かう事のだろう。
私には、わからないの（市ミズムがはよいのか）

さて、日本は近年、雇用が増え、失業率が減少傾向にあると言っているが、果してそうだろうか、
日本総合研究所主席研究員（もう少し続くならないか）藻谷浩介さんは、二〇一八年三月二十五日（日）「時代の風」の中で異変をとらえている。

「アベノミクスによる景気回復で、5年半に
就業者が250万人増えた」
「いや増えたのは主に非正規雇用だ」
という応酬も、年齢を見ていないようでピント
がボケてる。と指摘《てき》し、増えた250万人(正規
非正規合計)の6分の5に当たる211万人は
65歳以上だ。(中略)
景気快復で雇用増というのであれば65歳以下
の男性の雇用も増えているのが筋ではないだろう
か。また「若者の雇用増」というイメージに反え
39歳以下の就業者も116万人減っていると。

きつい論理である。
私のような高年のチンピラが言うことではないが君たちが向う社会は、昔よりも厳しい。おそらく、何十社も会社を訪問して、何回も落ちるであろう。この日本社会のシステムにも問題がある。何故、新卒ばかりが就職に有利なのか、ろくも理解できない。船出の準備がそこにあるのに遅れが日本特有のこのシステムを変えなければずっと続いてしまうだろう。

誰でも銃を持つことの出来る（昔よりは規制が強くなったらしい）アメリカでは、学校内の銃乱射事件が頻発している。トランプ大統領は、それならば教師にも銃を持たせれば良いと発言した。それに教師が生徒に銃を向けるというのか。教師が生徒を撃てというのか。

アメリカ各地では、高校生たちがこれに反対し、百万人のデモが起っている。

友を失った悲しみを二度と繰り返したくないと立ちあがった高校生たちの想いが、いつかかなうことを願う。

No5.

お出の藻谷浩介さんは、同じ文の後段で
反対勢力がいてこそ社会は健全化するというのが
民主主義の基本原理であり（中略）
と書いている。私もこれに賛同する。
オール与党では~~社会体は混~~民主主義でな
くなってしまう。
社会学者の橋本健二さんは「新・階級社会」
という本の中で、かなり絶望的な日本の未来を
書いている、格差が拡大し、
中[illegible]クラス

そしてまず社会構造が変化し、新たに登場したアンダークラス、下層階級。誰もがそこに落ちる危険があると言う。

現在非正規社員は九〇〇万人。今までの労働者が正規と非正規に別れてしまい、現在非正規の人はおよそ九〇〇万人そうです。この受け皿を社会が作ってこなかった。総じて非正規はこれからも固定化していくであろうと述べている。

本の中味はもっと深刻《しんこく》である。

No6

ずいぶん昔、私は、今年卒業するであろう大学生五〇人をスタジオに呼んだ番組に出演したことがある。今でもはっきり覚えているのだが、彼等に、能力主義をどう思うかの質問があった。

五〇人中、四十人以上が、自分に能力があると思いますかの質問にYesの隠《かく》しボタンを押した。

もちろん、これから社会の荒波に出てゆく若者たちだから、当然と言えば当然なのだが一歩さがって俯瞰すれば、五〇人の内

世にでて、うまくやっていけるのは、~~ほんの一握り~~人は何人いるのだろう
~~本がある事がわかる。~~人だけであろう。
問題は、ここにある。強きが出世は~~まずわけ~~出来ない。
それに若い人は、気づかない。
~~もし、自分がこぼれてしまったら、どうするの~~
~~か。~~
経営者側にとって、非正規はとても便利な存在
である。雇用の調整弁ともいわれている。
悩ましい時は増やし、そうでない時は、人数を減
らす。

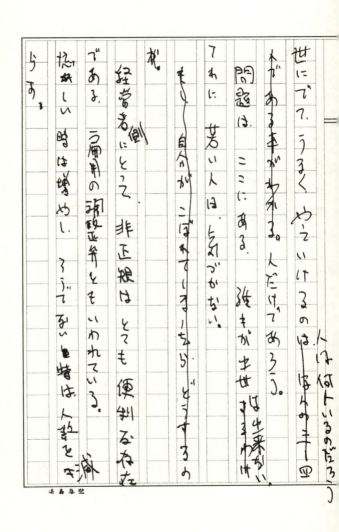

207

企業が業績を伸ばし、利が潤い、市民が豊
になるはずだという）。
本当にそうだろうか。これこの先、千百万
人にも増える非正規の人々に何の保障があるのか、
のかが貧しくなれば、消費が止まり、社
会。彼等は、労働者でも消費者でもあるから
働く人々の収入が低く、固定化されて、しまえば、
どうなるのか。格差がこれ以上広がれば資
本主義さえも崩壊していくのだは。ない
一部の資本家たちだけがますます富を増やす。

それでいいのだろうか。これから世に出てゆく
若者たちよ、世の中を真に豊かにしてほしい
誰かが誰かの肩を支え、もし自らが弱った時
それを補う社会があってほしいと思うの
だ。私のような年寄りだけではないはずだ。
若者たちよ、自らの足元見つめ、君は大切な
ものを踏みつけていないか、そこに草があって、今ま
さに花をつけようとしてはいないか。
けれど タレントの亀モト冬木は巣から落ち
た雀を介抱した。当局からは、それはまかりなら
んとお達しが来た。全く笑えない話である。

no8.

「ハードコア弁当」なるものがSNSで話題になっているらしい。

ハードコア弁当とは、ごはんの上にでき合いの惣菜がひとつだけ乗ったお手軽弁当のことらしい。

例えば白いごはんの真ん中に、焼いた鯖が半身だけとか、こげた春巻き二本とか。まるで昔の「日の丸弁当」の復活かと疑いたくなるような弁当である。

どんな時にそうするのか解説では、

○インスタ映えに疲れたあなたに
○夫婦ゲンカの仕返しに
○反抗期の子どもの圧力に
~~すみめん~~ 云々。とある。
会社で弁当を広げた時、学校の昼メシ時、
~~あけた~~当人は、どんな気持になるのだろうか！
自分の昼メシに持って行くのは~~かまわんが~~よいが
人にそんな事をしていいはずがないと思うのは
私だけか
「ハードコア弁当」発案者は芸人さんらしい
私は笑えなかった。

No 9.

差し込みA

若者にはっぱをかけようと書き始めたのだが、どうもうまくいかない。年寄りの[illegible]に聞こえてしまいそうだ。

月～金曜の昼間、毎日放送しているラジオが十一年続いている。番組は、一時から三時半まで。二時台の頭に、「ゴールデンヒストリー」というコーナーがある。毎週、それぞれ割り合てられた作家が、丹念に取材し、本人が五分などの文章にまとめる。それを私が読む。

三月後半の週は、「私の病気を知っていますか」

という"テーマ"で五人は取材をし、毎日内語られた。

この週の作家は本田万さんだ。

三月二十八日のテーマは「ナルコレプシー」

突然、猛烈な眠気に襲われる病いをかかえたTさんの話しだ。

麻雀放浪記の作者、阿佐田哲也さんがかかえている病気と同じだ。

Tさんは、小学生の頃、夜たっぷり睡眠をとっているのに、授業中"あ眠いなあ"と思ったらカックリと寝てしまう。先生に注意されるが原因がわからない。

西嘉原製

no10

成長期に入るとナルコレプシー特有の「情動脱力発作」が起こる。発作のきっかけは様々だが、丁さし場合は主に笑った時だそうだ。笑った瞬間、関節の力が抜けて倒れることになってしまうという。

それでも高校に合格するが成績がどんどん落ち、留年する。

くすりを飲んで、その副作用と戦いながら大学の農学部に進学する。

病気を隠して二十三まで一般商社に就職も

るが、仕事中に寝てしまい、首になり、職を転々とする。

それでも二〇代後半に開発された新薬を試したら副作用が激減したとある。

「それまで生きるだけで精一杯で何も楽しいと思えなかったけど、ちょっと恋愛でもしてみようかなって気持になって。人生で初めて前向きな気持になれました」

と彼に、Tさんは「このナルコレプシー」という病気を理解してくれる女性と出会い去年の六月に結婚式を挙げた。

高嶋原稿

逆境を克服した者だけが、何かを手に入れる。

最後にもう一つ。

この番組に封書が届いた。点字であった。点字の横に、美しい文字の日本語があり、誰かが訳したことがわかる。

全盲の女の子の妻と。

毎日は、聞けないが、この番組が好きで聞ける日は、聞いて下さっている。

全盲の七〇才の妻と同じ全盲の七十一才の夫

から手紙である。
特に月曜の女性の声と、金曜日の女性
の声が気に入っているようである。
よい、字の最後に
「私たちは幸せです」とあった。

差し込みⒶ

若者にエールを送るつもりで書き始めたのだが、どうやら失敗してしまった。

今回も見事というほかない。書き始めてから八時間。今、夜中の三時。もうろる睡魔がおそってきた。

神さま。眠ってもいいでしょうか。

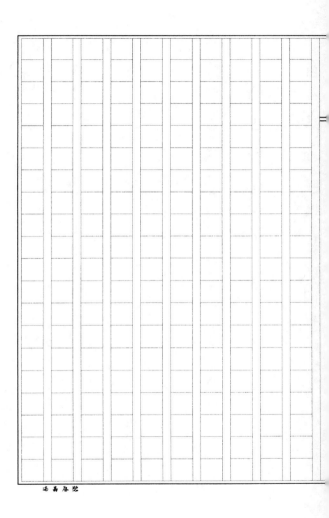

217　〈花水木〉直筆原稿（初稿）

◎まず 公文書とはなんですか？

◎そして、何の為にあるのですか。

。（二つある）

公文書が改ざんされました。それは罪にとわれないのですか

◎財務省理財局が変えたらしいが

理由は何ですか

自衛隊は日報を隠しましたが

スーダンやイラク。隊員の命の事実
を何故隠したのでしょう。

本書は、『青春と読書』（集英社）内の連載『平成消しずみクラブ』（二〇一七年七月号〜二〇一八年六月号）を元に、加筆・修正したものである。

図版作成／MOTHER

JASRAC　出　1902592-901
JASRAC　出　1904086-901

大竹まこと（おおたけ　まこと）

一九四九年東京都生まれ。東京大学教育学部附属中学校・高等学校卒業。一九七九年、友人だった斉木しげる、きたろうとともに『シティボーイズ』結成。不条理コントで東京のお笑いニューウェーブを牽引。現在、ラジオ『大竹まこと ゴールデンラジオ！』、テレビ『ビートたけしのTVタックル』他に出演。著書に『結論、思い出だけを抱いて死ぬのだ』等。

俺《おれ》たちはどう生《い》きるか

二〇一九年七月二二日 第一刷発行

集英社新書〇九八四B

著者……大竹《おおたけ》まこと

発行者……茨木政彦

発行所……株式会社集英社

東京都千代田区一ツ橋二-五-一〇　郵便番号一〇一-八〇五〇

電話　〇三-三二三〇-六三九一（編集部）

〇三-三二三〇-六〇八〇（読者係）

〇三-三二三〇-六三九三（販売部）書店専用

装幀……原　研哉

印刷所……凸版印刷株式会社

製本所……加藤製本株式会社

定価はカバーに表示してあります。

ISBN 978-4-08-721084-2 C0230

Printed in Japan

a pilot of wisdom

社会——B

a pilot of wisdom

ブームをつくる 人がみずから動く仕組み　殿村美樹
「18歳選挙権」で社会はどう変わるか　林大介
3・11後の叛乱 反原連・しばき隊・SEALDs　笠井潔／野間易通
「戦後80年」はあるのか ——「本と新聞の大学」講義録　一色清／姜尚中 ほか
非モテの品格 男にとって「弱さ」とは何か　杉田俊介
「イスラム国」はテロの元凶ではない グローバル・ジハードという幻想　川上泰徳
日本人 失格　田村淳
たとえ世界が終わっても その先の日本を生きる君たちへ　橋本治
あなたの隣の放射能汚染ゴミ　まさのあつこ
マンションは日本人を幸せにするか　榊淳司
敗者の想像力　加藤典洋
人間の居場所　田原牧
いとも優雅な意地悪の教本　橋本治
世界のタブー　阿門禮
明治維新150年を考える ——「本と新聞の大学」講義録　一色清／姜尚中 ほか
「富士そば」は、なぜアルバイトにボーナスを出すのか　丹道夫
男と女の理不尽な愉しみ　林真理子／壇蜜

欲望する「ことば」 「社会記号」とマーケティング　嶋浩一郎／松井剛
ぼくたちはこの国をこんなふうに愛することに決めた　高橋源一郎
ペンの力　浅田次郎／吉岡忍
「東北のハワイ」は、なぜV字回復したのか スパリゾートハワイアンズの奇跡　清水一利
村の酒屋を復活させる 田沢ワイン村の挑戦　玉村豊男
デジタル・ポピュリズム 操作される世論と民主主義　福田直子
戦後と災後の間 ——溶融するメディアと社会　吉見俊哉
「定年後」はお寺が居場所　星野哲
ルポ 漂流する民主主義　真鍋弘樹
ルポ ひきこもり未満　池上正樹
中国人のこころ 「ことば」からみる思考と感覚　小野秀樹
わかりやすさの罠 池上流「知る力」の鍛え方　池上彰
メディアは誰のものか ——「本と新聞の大学」講義録　一色清／姜尚中 ほか
京大的アホがなぜ必要か　酒井敏
天井のない監獄 ガザの声を聴け！　清田明宏
限界のタワーマンション　榊淳司
日本人は「やめる練習」がたりてない　野本響子

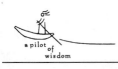